〝夢〟哲学 原論〔綱要〕

——人が見る夢の世界、その精神・身体原理〔講義〕
ヘーゲル・ヤスパースに——

南鄉 継正 著

ヘーゲル

Georg Wilhelm Friedrich Hegel

ヤスパース

Karl Jaspers

墓前に

本書『〝夢〟哲学 原論〔綱要〕――人が見る夢の世界、その精神・身体原理〔講義〕ヘーゲル・ヤスパースに――』に展開している〝夢〟に関わっての「論理」「理論」「体系」のすべては、私こと南郷継正が、二千年にわたる哲学的歴史・科学的歴史の総体を、何十年もの修学によって培った成果による独立的創出の、世界初の学的展開である。以上、墓前に厳しく記しておきたい。

まえがき

読者諸氏。「ようこそ。哲学として講義する本物の夢の世界の学びへ」。

諸氏の中には、本書の題名を見て、「何かとても重そうだナ」と感じた人もいると思う。

これは、私すらそう思わないでもないからである。当初考えた書名は、以下のものであった。

『〝夢〟に関わる多くの人に学んでほしい夢の理論

――アタマとココロが見てしまう怖い夢の秘密』

この夢の悩みに関わることになる職業は、臨床医、看護師、介護士、カウンセラーといった多くの分野に存在している。それらの人に必須とされるのは当然、といってよいからである。

とはいえ、この悩みを日常的に訴えてくる患者がいたとしても、大抵はまともに受けとめてはもらえず、「ウンウン！　大変ですネ。辛いですよネ」程度に聞き流されてしまうか、よくて「よく眠れる方法がありますヨ」となるのが通例の筈である。そうはいっても中には、まじめに相手をしてくれる奇特な御仁もいるヨ、との反論だってあろう。だが、これらに関係する人はすべて実践家であるだけに、「実践から得た諸々の直接役にたつ知識や、夢の問題について説いてある書物からの説明でなんとかしのいでいる」のが精一杯のように思われる。

それ故、そのような真面目な人は、単純にそれだけの説き方では、ただの親切な人となってしまいかねない。実践家に本当に必要なのは、自らが論理的実践の実力向上を目指すべくの努力である。端的には、夢の問題を学問的にも扱える実力への向上を可能なかぎり目指してほしい、ということである。それだけに、それらの人には学的レベルで夢の問題をしっかり学んでほしい。以上に加え、臨床医や看護師だけでもない、数多の学問への道を憧れている人へとして、学的世界にとの思いをこめていき、まともに夢の本物の内実を哲学レベルで説く決意をし、単に臨床に役にたつ論理レベルでなく、哲学の名に値する学問、すなわち本書を、「〝夢〟哲学の歩みの大道」として学的に説く本書の執筆となったのである。

「哲学とは何か」について、諸氏は常識レベルでの言葉だけの意味は承知であろうが、その学的実態についてはあまりなじみのないことだと思うので、前もって少しだけ説いておきたい。

そもそも本来の「哲学とは、全世界の歴史上の出来事を、あたかも日の前に存在しているかのように総括しながら見てとれるような頭脳（アタマとココロ）になるための学問」である（詳細は、『ヘーゲル哲学・論理学〔学の体系講義・新世紀編〕――哲学・論理学原論への招待』『全集』第三巻参照）。そこをなぞれば、ここで「〝夢〟哲学とは、全世界の夢に関することをしっかり分かって問題を解く学問である」といってよい。それ故、である。次なる大事件すら〝夢〟に悩む少年・少女の、その問題だとしたら、諸氏はアッケにとられてしまうだろうか。

「まえがき」にはあまりふさわしくないとは思うが、「愛知の中3刺殺・気付きたかった心の闇」（東京新聞〔社説〕二〇二一年十一月二六日付）をできたら読んでみてほしい（付録〔Ⅲ〕）。関係の専門家は、この大事件たるここの実態をどう解いているのか知りたいものである（皮肉）。加えて、昔々の「少年A」の事件の真相とて同じこと!! だったのだと、誰が分かっているのか、である。これらの事柄が、書名に大哲学者だったヘーゲルばかりか、現代における大哲学者としても精神病理学者としても著名だったヤスパースをも登場させている理由である。

本書は当然ながら、あまりにも有名なアリストテレスの大著『哲学への第一歩』（『形而上学』の本当の名）へのオマージュでもある。アリストテレスは単なる知識者（ソフィスト）レベルを超越した、すなわち愛知者（フィロソフィスト）たるソクラテス、プラトン等々のレベルではなく、見事に学問への思惟たる「思弁」力、「形而上学」レベルへ、すなわち人類として哲学的能力への第一歩を進めるきっかけを創出できた（ヘーゲル『哲学歴史の講義 *Vorlesungen über die Geschichte der Philosophie*』の中の名言）世界初というべき、すなわち学問化の第一歩を初めてふみだせた、古代哲学を完成できたと評価できる偉大な人物である。

本書はそれだけに、学的（論理的）な思弁への第一歩を大きくふみだせたアリストテレスの何十年もの労苦に〝夢〟に関わっての同じ労苦を経た「わが身」をなぞらえての執筆となっているのである。

以上につらつら説いてきたことを「ナント大仰ナ」と思う人もいるかもしれない。だが、私こと南郷継正の熱心な読者なら、私が、単なる武技・武術の秘技・奥義・極意を事実的に説くレベルであった武道・武術の世界を、『武道の理論』で文化的学術レベルへと進化させ、『武道の復権』でその進化をより深く構造化でき、そこからさらに『武道綱要（武道とは何か）』として実体としての武道を「学的体系化」したのみならず、「精神としても学的体系化」して、単なる武術から精神文化としての武道への向上を図り、その後十数年の月日を重ねることにより、精神文化から学的文化、すなわち哲学的認識学、つまり認識哲学たる『武道と認識の理論』へと、まともに哲学レベルの文化になしえた実績を十分に承知の筈故、以上の説明をすんなり受け入れてもらえると思う。とはいうものの、次の「ヘーゲル・ヤスパースに」の二人が登場してくる哲学的理由は、どう説いてみても諸氏の大半にはなんとも不可解であろうが、この二人の学的精神を学的実力として超越できてこその〝夢〟哲学に至る『〝夢〟講義』の発展があったことを、「あとがき」でその理由とともにしっかり説いている。

本書はそのような内容を説いているだけに、青春真っ盛りの人ばかりか、相当の生活を経て熟年となっている人、そして老いを迎えて、夜の夢に悩みに悩んでいる諸氏にも、ぜひに読んでほしい（加えて、叶わぬと思いつつもヘーゲル・ヤスパースにも読んでほしかった）夢の原点たる頭脳と頭脳活動を、全頁に説いている。「ヘーゲル・ヤスパースにも読んでほしかった」と説くように、彼ら二人の学問に匹敵するのは当然ながら、彼ら二人以上の哲学的言語表現を折に触れて用いている。そうはいっても諸氏が真面目に読むなら、しっかり分かるように具体性をもって説いてもある。端的には、以下となる。

若い人に向けては青春時代でなければ学べない、というより学びたいと願っても、本当の大人になってからでは、どうにも学ぶことができなくなってしまう問題、つまり、青春時代の諸氏の頭脳の働きを、より見事にするための学び方について、他の著作のどれにも説かれることのない部分を中心に詳しく説いている。

熟年の人に向けては、人に打ち明けるには恥ずかしい自分の夢の内容が「どうしてそうなのか」を自分でしっかり分かるように、そして、それをどうしたらよいのかについて、自分で解答を見つけられるような「学習の順序・方法」についてまともに説いている。そして老いを迎えた諸氏には、わけの分からない夜の夢というより「夢魔レベルの辛い辛い夢」の問題を解決できる一助となれるように、と説いている。

頭脳の働きとは、やさしくいえばアタマとココロの働きであり、難しくいえば頭脳活動のことであるが、これについては体系的学には程遠く、学的・理論的にすらきちんと説いた書物はもちろんのこと、青春時代の若い人に向けてのまともな書物とて歴史上存在していない（全くない）といってよいし、熟年のアタマとココロがどのようになってしまっているのかについても、これまた哲学的かつ理論的に説いたものはない。それだけに、そこも本書でしっかり学んでほしい。

以上学問としての夢の問題を、少しキツくても学び通していくことで、若い世代の諸氏が自分自身の人生問題、社会問題で、あまり悩むことなく問題を解決して生きていけるような能力（頭脳活動）を育てていってほしいし、熟年の人には、辛い夢をなぜ見せられてしまうのか、をもっともらしい理屈でなく、せめてもの、学的・理論的に分かる努力をしてもらって、それ程の辛くない老いを迎えるべく生きてほしい、と願っての本書の出版である。

ここまで説いてくると、諸氏に一つの大きな疑問が生じてきている筈である。それは、夢というものはほとんどまともに眠っている場合、つまり夜に見るものでありながら、どうしてそれが頭脳活動というものであり、つまりアタマとココロの働きということなのか、とか、それにしても頭脳活動＝アタマとココロの働きであるといいながら、それがいつのまにか「学的レベルで説く」となってしまうのはどうしてなのか、ということであろう。たしかにそう思われてしまいそうである。少々難しくなるがまともに答えておくべきであろう。

実は学問の歴史上、そして特に学問の中の学問とされる哲学なるものの中身で、大きな柱の一つとされていた部門がある。その部門のことを、学的には古くから認識論と称していたのである。それは一言でいえば、「頭脳活動とは何か」を扱う部門であったのである。

本書で扱うのはたしかに夢の問題であるが、この夢の問題をまともに学問レベルで、すなわち哲学として論じるには、必須の条件がある。それは「頭脳の働きとは何ものか」が、哲学的研鑽レベルで分かっていなければならない。それだけに、まずそのことからである。

頭脳の働きについて、古くは「アタマの働き」であるとだけ、考えられてしまう傾向があった。その大本の理由は、有名哲学者たるデカルト、カント、フィヒテ、シェリング、ヘーゲルがここについて、なんとか論じられるだけであったから、といってよい。しかし、アタマだけでは私達人間をしっかり理解することができないということも、大きく歴史が積み重なるにつれて次第に分かってきているのである。なぜなら、私達人間はアタマだけでなくココロでも育つだけに、その部分、すなわちココロの部分が欠けていては、いくらアタマの働きが理解できたにしても、人間性（アタマとココロの同一性）というものの理解が難しくなってくるのである。そこでその間隙をついて出現したのが、諸氏がよく知っている心理学という学問だったのである。ところが、このニッチとして出現できた心理学は、アタマよりもココロ（の蠢き）を知ることから始まっていっただけに、これだけではやはり頭脳の働きを理解することは到底、無理であった。

アタマ（認識論）とココロ（心理学）は、本来互いに相寄ることが求められて然るべきなのであるが、アタマだけを学ぶ人はそのアタマの固さから相手の心理学を軽蔑するあまり、どうにも理解しようとせず、心理学の人はココロだけから学問を考える新しさ（論理とか体系などを全く無視できる能力）からは、固い（理屈っぽい）学問レベルの認識論はレベルが高くてどうにも理解できず、結果、認識論は固い理論を述べているだけに、心理学は認識論のココロの原点たるいわゆる認識（映像）なるものが、事実としても論理としてもどうにも分からないだけに、認識を認知というふうに、自分の能力に見合うレベルの言葉に引き下げて理解してしまう結果となり、両学問は現在でも共存はかなわず、互いに無視している状態である。

ここで一言。認識論の「認識」という捉え方と、心理学の「認知」という捉え方とでは、天と地程のレベルの違い、すなわち数学と算数程の違いがあるものなのである。また心理学には当然ながら認識＝映像としての概念はない。「認知」を学的に説けば、五感覚器官の視覚に的を絞ってココロを説いていっているだけのことである。これで頭脳活動、すなわち頭脳の働きを研究する学問を認識論と称する理由が少しは分かってもらえるであろうか。

問題は、頭脳活動＝頭脳の働きと夢の関係である。結論からいえば、そもそも「夢を見ること」とは脳の生理的な多くの働きの中の一つである。脳の働きのあることが夢を創出するのである。ここで脳の生理的働きとするのは、夢を見るのは脳そのものの直接的働きというより、脳が「あること」に「働かされた」結果が正解だからである。この夢を見ることは、実際には頭脳活動の中の、特にココロの働きの部分が活躍するものである。アタマの働きの部分はないのか、と問いたい人もいるであろう。たしかにアタマの働きの部分が夢になることはある。だがそれは、いわゆるアタマをよく使う人が関係することはある（発明・発見）が、普通一般の人の場合は、主にココロの働きが大きく関わってくるのである。

本書『〝夢〟哲学原論〔綱要〕――人が見る夢の世界、その精神・身体原理〔講義〕ヘーゲル・ヤスパースに――』は、講義として説くだけに、まずは基本的な事柄をまともにふまえ、そこから始めることになる。旧来からの読者なら承知であろうが、私は「講義」と称するからには、文章や言葉の繰り返し等々を全く厭わない説き方を「モットー」としている。それ故、私のここ（心情）を理解しないままに、「また同じようなことを！」と思う諸氏は、まず今後の進歩はない！　と思ってよい。

再度となるが、世界のいかなる学者の夢の講義よりも、哲学的に、それもヘーゲル哲学レベルをふまえながら、ヤスパース『精神病理学総論』の実態を学的に、中身をまともに諸氏に理解してもらうべく、まず基本からとなる。

諸氏は本書に学ぶことによって、夢の活動についてはもちろん、頭脳活動＝頭脳の働きの世界的レベルを「第一歩」から、そして夢の奥の奥底のことまで魂がシビレるくらい学びとれることになる筈である。本文の中に、認識（映像）、認識＝映像、認識すなわち映像、映像（認識）と、映像について諸々に言語表現を行っているし、また、精神（心）、心（精神）についても同様であるが、これは文体の流れの都合でそうしているだけであり、意味ないし意義はすべて同じもの、同じことなので、あまり気にしないで読み進めてほしい。とはいうものの、たしかに本書は読み進めること自体が大変であろう。それ故、全体の流れを理解できるように解説している小論、「序論　第四節」をまず読んでから「序論　第一節」へと進んでほしい。というのは、この小論には本書の目次の読みとり方がまともに説いてあるだけに、まずこの第四節を読んで、再び目次に目を向ければ、なんとなく全体が体系として見てとれるアタマの働きになれると思うからである。

「まえがき」を終えるにあたり、本書『〝夢〟哲学原論〔綱要〕』の〔綱要〕についてどうしても二つ程、諸氏に説くべきことがある。

一つは、本書は本来的には『〝夢〟哲学原論〔総論〕』として出版する筈のものであった。それがそうならない理由は、「あとがき」に認めてある。だが、それに加えて、別の大切な理由がある。それは、〈総論〉を最初に出版すれば、諸氏の大半は、いわゆる役にたつ個所・面白い個所をまず読みたがるだろうと思う。しかし、著者としては、ヴィッセンシャフトたる哲学としての〝夢〟を分かってほしいだけに、それは大いに困る。それ故本書は〈綱要〉版として、学的に大切な個所すなわち、副題にある「――人が見る夢の世界、その精神・身体原理」に的をしぼって説くことにした。そこをまず読んでから、役にたつ個所・面白い個所へ移ってほしいとの念願で、それらはすべて『全集』としての出版に回すことにした。

二つは、それまでの唯物論的著作で常識である〈認識＝像〉としていた用語を、本書から私は〈認識＝映像〉と、すなわち、認識を動くモノ、働くモノとして〈弁証法的認識として〉用いるようにした、ということである。

読者諸氏。改めて、「ようこそ。哲学として講義する本物の夢の世界の学びへ」。

南郷　継正

目次

序論　「〝夢〟哲学」とは何か

第一節　夢は哲学（ヘーゲル・ヤスパース）レベルで学んでこそ実態が明白になる

読者諸氏。夢の問題は、諸氏の誰もが知りたい筈である。知りたい中身は諸々（種々雑多）であろう。だが、切実な問題として、あまりにも怖い夢、悲しい夢、悲惨な夢など、見たくもない筈である。それでも余程の出来事として夢の問題に出会わないかぎり、諸氏の誰もが自らの仕事に紛れたまま無視し（無視できていき）、そっと脇に置いてしまうのが現実であろう。ところが、現実に生きていく途上では、無視できない事実が必ず出てくるのである。

たとえば子どもを育てる最中の母親は、赤ん坊、幼児のもっとも大切な月日を、夢（夜泣きでわめくなど）で大きく悩まされていても、あっという間に乳離れとなり、「夜泣き」もほとんどなくなるし、子どもも自分で（それなりに）解決して育っていくようになるので、母親としては「喉元過ぎれば熱さを忘れる」となってしまうのが通常である。それ故、子どもが小学生、中学生になった時に、その解決してやれなかった幼児までの夢の影響が、どんな形で小学生、中学生に現れてくるのかを全く考えられないままに、その子どもは大人へとなっていくことになる。

さらに怖いことに、加えて現代の教育とやらが、社会的人間としての個性尊重ではなく、社会生活を全く無視した個人としての個性を尊重することが主になっているだけに、その結果がぞっとする多数の社会的事件として現われてきているのは、新聞紙上の日常でもある。これらのことによって起きてくる欠陥の現実は、早ければ小学校高学年、遅くても十代末までの怖い事件（殺傷や自殺など）として紙上にいくつも登場してきているだけに、これまた承知の筈である。

これらのなんとも怖い事件として現象していながら、誰もが「なぜそうなのか」を真剣に問わない（というより、問う能力を修学できない）だけに、解決したくても解決へとはいかないこれらは、古くて新しい大きな問題である。

というのは、はっきり説くが、夢の内実は単純に温故知新（古きを温めて新しきを知る）というワケにもいかない大問題である。そのワケは、大問題である筈の、この「夢とは何か」について正解を出すことが可能だった学者は、人類の歴史上まだ誰一人としていない。故に、温故（古きをたずねて、しっかり大本の理由を知ろうにも、つまり古きに学びたくても）とはいってもどうにも知新とはならない。つまり、単に宗教レベルでしか温めている（まともに教え、学ぶ）人はいない、のが現実だからである。

たしかにそれなりに夢の大家と思われている、心理学者として名を馳せたフロイトやユングという御仁がいるが、この二人にしても、半知半解の答えしか出せないままに世を去っているにもかかわらず、相も変わらずその説が大きく信奉されているのが実状だからである。

またわが日本でも、ある程度の研究者は存在していたようである。たとえば、千葉康則『ヒトはなぜ夢を見るのか』、三輪和雄『夢の科学』、松本淳治『眠りと夢の世界』、これに関わるものを加えれば、河合隼雄『無意識の構造』、秋山さと子『悟りの分析』、詫摩武俊『性格はいかにつくられるか』等々の諸氏である。

だがこれらの研究者は独自の頭脳からなる研究としてではなく、フロイト、ユングの系統そのものの流れを引き継いで（!?）といってもよいだけに、どうにもなりようがなかったのである。では、なぜ「夢とは何か」についてまともに説くことはない（どうしても説けない）のであろうか、どうして正解とされる答えに誰もが到達できなかったのだろうか、である。

この質問への解答は、やさしくて、難しいモノである。やさしいという意味は、〝夢〟なるものは悪夢を含め、正体が分かってしまえば、それこそ「幽霊の正体見たり枯尾花」といったアッケなく単純なことなのである。だが、難しいという意味は、分かるまでにはそれこそ「人類百万年の歴史の探究」と、ヘーゲル『哲学歴史』のような「人類の叡智の歴史の研究」と、加えるに「人間の認識の一般的な発達過程の修学（簡単には、正常な人における認識を、ヤスパースの『精神病理学総論』レベルで研究を行う）」の三つが合わせて必要とされるからである。

念のために説いておく。以上の三つの学問の研鑽は、現在までは観念論の立場でのみなされてきたといってよい。しかしこの観念論の学問の研究からでは、どうにもならず、必然性的に失敗するしかなかった。それに諸氏も承知のように、何事にせよ学問レベルの研究は、観念論の立場からのみなされてきた何千年もの歴史がある。理由を少々説くべきであろう。

学問なるものは、当然に「一朝一夕」にてなる筈もないものだが、それにしても学問への歴史は、私達が知るだけでも数千年もの歴史がある。とはいえ、その数千年という時間だけでは学問確立にはどうにもならないことも、これまた「確か」である。

これには、かのあまりにも有名な本物の哲学者（より正確には古代的哲学の完成者）アリストテレスの「名言」がある。この名言を私流に端的に言い換えれば、「学問構築のためには頭脳活動が連綿と続けられる平和な長い歳月を必要とする」のだ、ということである。

すなわちこれは、それまでの千年以上もの人類の叡智の歴史をまともに総括でき、そして加えてそれを統括可能なように努力できる歳月、簡単には、「戦争のない半世紀以上の歳月を人類は把持できていなければならない」ということである。ここで戦争とは、国家同士の国民的総力を挙げての＝国の存亡を賭けての全的戦争であり、国境や海境での、現在の中国とインド、または、ロシアとウクライナのような小競り合い的戦闘（事件）のことではない。

それはともかく、学問、特に哲学は、まずは観念論の立場にたつことによって、発展するのは当然の理である。頭脳（観念体ともいうべきもの）として脳が働く（活動）には、個人としての脳の中に独特の観念的世界を築き上げることを必要とするからである。脳はいわば単純に外界を反映して大きく認識を蓄積していくが、脳の偉大な認識は個人の営為によってのみ、頭脳になるべくしてなっていった時代がある。これが古代ギリシャの哲学者の何十人かである。それらの個人的頭脳は、脳の偉大な認識を次第次第に総括できるかのごとくの発達を遂げるようになる。

ここをヘーゲルは、代表的にアリストテレス一人を取り上げ、彼が「思弁」の芽生え（を為し始めた）と『哲学史』（岩波書店）で見事に説いていることを「学的レベルで私達は知って、分かる」ことが大事である。思弁としての実力を具え始めた個としての頭脳は、それらの大知識の中の一般性を把持しているような部門部門のどれかを、いうなれば筋を見つけていくことが可能となり、結果、文章がそれなりの文体を把持していくのである。

これらはすべてアタマの中の出来事だけに、外観としては全く現象できず、「アイツ！　何をボオッとしているのだ」とか「アノヤロウ、何を思っているのだ！」との軽蔑的発言（簡単には大石内蔵助の「昼行燈」的様相）で評価されることにもなりかねない現実ともなろう。

そんな評価をもらえる程に「昼行燈」的行動をとり続けていた筈のアリストテレスだけに、あの貴族レベルの学園の中でも、なんとか生命を守ることが可能だったと私は思っている。

「彼には生命が危険というような、そんな史実はなかった」と説ける御仁は、古代ギリシャという時代の実際を知らない人だと私は思っている。理由は、プラトンの死後、アリストテレスがどのような扱い（仕打ち）を受け、マケドニアにいうなれば帰っていくことになってしまったか、そしてその後、彼が何事を成し遂げるべく努力していったかを、まともに見ることができれば、

「日本人であれば大石内蔵助の例で自ずと判明する程」の単純なお話である。

以上、古代ギリシャの学問が、観念論である理由、（繰り返すが）古代ギリシャが最古の学問（技術文化ではないのだ！）、それも観念論として誕生せざるを得ない所以(ユエン)を簡単ながら説いてみた。だがこのことは、はたして諸氏に理解できるであろうか、と思わぬでもない。

ここを日常レベルで分かりやすく説いたものに、『学城』第二十一号（現代社）に連載中の小論「飛翔隊副長　北條翔鷹（現総長）への特別インタビューを通して見えてくるものは何か（二）」（新井史子筆）がある。とても面白く、タメになるだけに、一読をどうぞ。

さて、である。夢というこの難しい問題をこなすことが可能となる学問のことを、認識論（もちろん、唯物論的認識論であるが、これとて夢を学的認識論として説いたものは、ほぼない。ここで学問といいながら、どうして認識学ではなくて、認識論というのか、との疑問も出てきそうである。この認識論と認識学の違いについて、まずは簡単に答えておく。

それは、人類史上、まだ誰も、認識を論じることはあっても、認識を学問として体系化できていない！　からである。ここでまた、認識を学問化するのはそんなに大変なのか、という質問がありそうである。「ええ、そんなに大変なのですヨと簡単には答えられないのは、学問というレベルの認識へ到達するには、千年単位と思ってもよい歴史の総括を必要とするからである」と、まず答えることになろう。そうすると、「本当にそんなになのか」と疑う諸氏もいそうである。

そこで、次にそんなに「大層なことだ」ということを実際にお目にかけることにしよう。

とはいえ、ここでは簡単ながら、である。

認識論でいう認識とは、人のアタマの中に成立した映像そのものを具体的に説くことである。端的には人間の頭脳活動のことをいう、と思ってもらえればよい。これは簡単にはアタマの働きとココロの働きの共同作業で創りだすもの、のことである。

ここでしっかり分かるべきは、人間は社会的な存在だということである。社会的なだけに認識は、人それぞれのモノとして生生・生成発展するものではなく、社会関係の中で社会的に生生・生成発展するという個性的な認識であり、それは直接に映像そのものだからである。

分かりやすくいえば、人はどんなに独創的な考え（認識）を持とうとしても、必ず社会的な独創性でしかないということである。もっといえば、いかなる人でも誰かの考え（認識）を受け継ぐのでなければ独創的といえる程のモノは絶対に出てこない、ということである。

それだけに、その人を知りたければその人が育ってきた社会（環境）を知ることが、なによりもまず大事なことである。こういった私達人間のすべてに共通する認識は、人類の発生によって誕生し、人類の歴史的な発展に従って生生・生成発展してきたモノ・コトである。

以上を端的に説けば、以下となろう。

「認識学とはこれらの認識の過程かつ現在、そして未来を学問として論じるものであるが、別の言葉を用いると、認識学とは一般的には人間の頭脳活動である認識を、歴史的・社会的・具体的に探究して、それらを総括しながら論理化し、体系的に理論化することによって学問として成立する」

認識学の一般性の構造には次の三つの柱がある。

一つは、人間はどのようにして発展してきて現在の人間になったのかを、認識の歴史的発展から捉え返して、人類の認識としての発展過程の論理構造を説くこと。

二つは、人間は一般的にどのような認識の発展過程を持っているのか、そして、どのような発展過程を辿らせたらよいのかの論理構造を説くこと。

三つは、人間の認識の一般的発展ではなく、個としての人間の認識の生生・生成の発展過程の論理構造を説くこと。

以上の三本柱をしっかり確立できた人が、認識論を認識学として一般的・構造的・具体的に、すなわちヘーゲルが『精神現象学序論』で説く体系性を持って説けることになる。

これについては『ヘーゲル哲学・論理学〔学の体系講義・新世紀編〕――哲学・論理学原論への招待』（南郷継正著、現代社、以下、『ヘーゲル哲学・論理学』と略）で詳しく説いている。

この『ヘーゲル哲学・論理学』に論じたことは、この三本柱を含めて学問史上（哲学・認識論を含めても)「世界初」のことであると、諸氏には分かってほしい。

第二節 夢の問題は私達人間の認識の生生・生成発展を大本にしてこそ解明できる

ここまでくると、またまた大きな疑問が、読者諸氏には出てくる筈である。「夢の問題はどうなったのか。『夢とは何か』を説くといいながら、その後の展開に夢が出てきたのか。認識そしてまた認識という言葉ばかりで、夢という文字すらない! ではないか」と。

ごもっとも! である。言葉が足らなかったようである。もっと前に、一言つけ加えておくべきであった。実は、「夢とは何か」と大仰に問いかけた時に、次のような一言を述べることが大切であった。夢というモノは、諸氏のすべての人が承知のように、無限の変化を、無秩序に、勝手気ままにやってしまうので、考えれば考える程に分からなくなり、結果として不思議・不可解と思ってしまいかねないが、このこと自体は別に難しく考えなくてもよい。なぜかと問うまでもなく、夢というモノは、脳や頭脳の働きの一つである認識(勝手気ままに動き・動かされる)そのもの! だからである。

いつも説くように、認識というモノは私達人間の頭の中に初めから「ある=存在している」のではなく、赤ん坊として誕生したその瞬間たる時から、当初は勝手気ままに生生・生成発展していき、やがてその人なりの認識として脳の中にしっかり存在するようになるものである。

この認識は、まずはその人の五感覚器官をそれなりに通して脳の中にできる映像（映じている像）であるから、その人なりの五感覚器官の実力と、その器官を使うその人の実力と、それらを総合・統合する脳の実力（やがては頭脳の実力）とが併せられて、映像の実力＝認識の実力となっていくのである。

もちろん私達人間は社会的存在であるから、その人の生活する＝属する小社会での、その人の生活のあり方で、認識＝映像の形成のあり方も認識＝映像の使い方も一様ではなく、社会性を持ったその人なりの、その人らしい社会的形成・使用となっていくことになる。こうやって形成かつ使用されていく社会的個の認識すなわち映像は、その人だけのモノであるだけに、その認識がその人を創り、その人の人生のほとんどを創っていくことになっていきかねないのである。これがたとえば、その人の職業として花開き（?）、その人の趣味として実力化し、やがてはその人の個性としてその人の人格を形成していくことにもなる。

ここまで説くと、また「夢はどうしたのか」と問われそうである。もう少しガマンしてほしい。どうしても、もっと説かないと夢まで辿りつくことができないからである。夢の問題は、人間一般の認識の誕生からの生生・生成発展を押さえておかないと、迷路に入りこんで、答えがでないか、神がかりの解答になってしまうか、もしかしたらその人の性格そのものだけに原因を求めるか、等々になってしまうのである。これでは、夢の学問化など到底不可能になるといってよい。

第三節　私達人間が夢を見る原点は端的には社会関係での頭脳的労働にある

読者諸氏。ここで突然ではあるが、次の質問をしてみよう。

それは「私達人間の認識と動物の認識との違いは〝何〟であったか」である。一般的には諸氏の実力をもってすれば、簡単であろう。

動物の認識はすべて、その動物なりの本能が総括・統括しながらの使用であるのに対し、私達人間の認識は、その人なりに社会的個人として創出されたレベルでの、その人の社会的認識の目的意識性が、その人の認識をその人なりに総括かつ統括しながら創出・使用するモノであった。ここを単純に称して個性的というのであった。

諸氏に、ここまでで理解できていてほしいことは、私達人間の頭の中に育ってきている認識＝映像（以下、場合によっては単に認識とする）は、必ずその人なりの社会的に育ってきた認識であり、その人なりの社会的に育ててきた認識である、ということである。したがって、諸氏の頭の中に今、育ち始めた認識は、諸氏それぞれの社会性を持った独自性で育てられ、かつ社会性を持って育てていくことになるのである。それ故、である。「同じモノは一つもない」のである。

こうして、諸氏の認識が諸氏それぞれに違って育っていくことは、やがて諸氏のそれぞれの脳と頭脳の構造が、その社会性を把持した認識の違いが連綿と続くことによって、それぞれの「個性のより際だったものに創り変えられていく！」ということでもある。

このことを、どうしても理解できない諸氏もいると思う。そこでこれは、同じ教室で同じ教科書で同じ先生に同じように教わっても、まずほとんどの生徒が同じようには育っていかないのが現実で、なんとなくであっても分かってほしいのだが……。

以上に説いた内容で、「認識の原基形態（オオモトノカタチ）である」が、結果的にその人その人の社会的なそれぞれの育ち方、官を通して脳に反映した映像は、対象である社会的な外界が、個人・個人の感覚器育てられ方のあり方で、その人その人のそれぞれの社会的認識として、社会性を帯びたその人の個性的・性格的認識として、いわば完成されてきている、ことを分かってほしいと思う。

問題はここからである。以上の分かってもらえたと思われる内容が、ではどう夢と関係するのか、どのような夢になっていくのか、が問われることになる。だがここまでだけでは、まだそう簡単には夢の問題解決には辿りつけないので、もう少し、以下に関わる辛抱が必要である。

ここで大きく時代を、サルがヒトとなり、そして私達人間へと発達しかかった頃の、より正確には本能的認識が、目的意識的な認識へと進化し始めた頃の大昔へ戻すことになる。そもそも本能的認識であるサルは、はっきり説いて夢とは無縁の存在である。というのは、夢はヒト（人類）になって初めて誕生することになるモノだからである。では、どうして他の動物は夢を見ることがないのであろうかと問われそうである。

とりあえずの答えは、夢を見ることがないのではなく、見ることが**できない**、である。このことは『看護のための「いのちの歴史」の物語』（本田克也・加藤幸信・浅野昌充・神庭純子著、現代社）をまじめに学び続けていないと絶対に理解できないことなので、ここでは、動物は夢を見ることができない、として説き始める。

私達人間が夢を見るというのは、「では、何故（ナニユエ）にできるのか」との問いがある筈である。これにはまずは、諸氏が納得可能な範囲のレベルで、以下のように答えておくことにしたい。

そもそも、と大上段に振りかぶって説くならば、私達人間が動物と大きく異なるのは、動物と違って私達人間は労働できるようになっていったことである。このヒト（人類）への進化のための労働なるものを覚えるまでの間、すなわちサルがヒト（人類）に進化するのに必要な過程（労働）には、それ相当の理由（原因）があったのである。

一つは、樹木での生活が続く出来事があったこと。

二つは、そのことによって本能的認識が大きく揺さぶられてしまう事件（？）が何回となく襲ってきたこと。

三つは、「一つ目」の出来事で、一般哺乳類達とは食べ物を大きく変えていかざるをえなかったこと、である。

夢の問題はここのところから始まるといって（も）よいのである。

樹上かつ樹木生活を終えるまでに、何十万年以上もの時が流れて、サルが樹木生活を止めて、いわば野原に降りたった時、サルはヒトへと転進というより、少し、また少しと進化し始めることになっていった。ここの時の進化への流れを少しだけ止めて、この状態を大きく認識に的を絞ってみよう。この時のこの進化の流れを少しだけ止めてみると、それこそ、アリストテレスだったらいわゆる「驚骸（キョウガイ）」という言葉で表わすしかなかった出来事が誕生し始めていることが分かることになる。それはどういうことだったのか、と諸氏はただただ呆然のレベルか、「何をいいたいのか」ということくらいの反応の筈である。

つまり、なんとかして思うとしても、どうにも思えない筈だから、である。それだけに、ここは私から少しずつ解答を述べていくしかない。

端的にいえば、本能的認識だけであったこれらの哺乳類動物であるサルの認識の一部に、やがては大きく育っていくための小さな変化が生じ始めていくのである。それは一体どういう中身のことであろうか、を分かりやすく述べるなら、本能的認識そのものだったものの中に、つまり本来は自然的な生活の中でその本能の蠢きに、なんとも従順であった、そして現在もしっかりと従順であるこの認識の中に、どういうわけか本能に逆らいはしないけれど、従うかにみせかけて従わない映像的なモノ（認識といえる程ではない、チラッとよぎってきた映像的なあるモノ）が、本能からいえば自分の総括・統括に従わないような、でも総括・統括には従っているかにみえるが、しっくりいかない映像的なモノが生まれては消え、生まれては消えしてということが始まったということである。

この生生するかのごとくも、すぐに消えていくという可逆的なものとして生まれ始めた映像的なモノ（認識）は、当初は当のサル（ヒトザルの生まれの出来事）には不可解な出来事だったことであろう。

このことを分かるためのヒントの一つには、幼児の成長期や小学校の低学年、あるいは思春期に突入したばかりの中学生の不可解な言動がある。ここの認識の状態で考えてみると分かることである。「どうして、あんなにオリコウだったあなたが？　どうしてあなたのようなお母さん思いが？……」という言葉が母親からポツリポツリと出始めたあの頃、あの日の出来事が立派なヒントになる。中学一年生になったばかりの子ども（男子、女子を問わず）の「クソババア」「ウルセー、ダマレ」等々の罵詈雑言が引き起こす悲劇・喜劇である。

これらの出来事は思春期の小・中学生である当人にも「なぜ？　ボク（ワタシ）はそんな怖い暴言を吐いた⁉　なぜ？」なのである。「ただそうしてしまったのだ」とか「気がついたらなんとなくそうなってしまったのだ」とか、である。

この当時のヒトの認識へと向かうサルも当初は、自分のアタマの中の出来事には当然ながら気づくことはなかった筈である。しかし、やがてこの出来事も繰り返し起きていくだけに、しっかり自覚するようになり、そして「なぜだ⁉」の問答の日々（⁉）が続く流れの中で、この生生・

亡亡する認識は、次第に本能的認識とは相対的に独立化していくことになるのである。すなわち、次第にこれが独立可能となり、意志ないし目的という認識へと始まることになる。

繰り返しになるが、このことは、いきなりそうなったわけではない。いきなり量質転化したわけではなく、この認識の当初は、単に本能とは何か違うレベルの単純かつ適当な映像にもならないボヤッとしたいわば（いうなれば）チラッと流れ出た映像的なモノとしかいいようのない寸時のことだったのが、何回となく起きてくるにしたがって次第に本能に従わないはっきりした映像的なモノとなり、それが少しずつ自立していく、つまり、本能に従いたくとも従わない（従えない）、端的には本能に逆らってまでも独自に展開する認識となっていくのである。

現在は、これを目的を持つとか意志が強いとかで表わすが、それらの出来事の一つ一つの大本を辿れば、目的や意志の原基形態（オオモトノカタチ）はここに、この本能的認識が本能から相対的に分離していくこれらの出来事に基因しているのである。ここでまた次のような質問が出るであろう。

「それがどうして夢に関係するというのか。全く関係ないではないか。早く夢を説いてほしいのに」と。答えよう。夢に関係が大アリ！　なのである。なぜかというと、ここが、人間が夢を見ることが可能になった原点なのであるから。夢はここから始まるのであるから。

「夢とは何か」は、現在まで、哲学的には当然のこと、理論的にすらまだ説かれたことが一度とてない大問題である。この「夢とは何か」が学問レベルで説くことができるためには、人類百万年の歴史の探求と、哲学の二千年の歴史の研究と、加えるに人間の認識の一般的な発達過程の学習が絶対に必要だからである。したがって、「人間が夢を見ることの原点は社会的関係での頭脳的労働にある」ということが、一体どういうことなのかを、諸氏に理解してもらうためには、もっともっと詳しく、順を追って説いていかなければならない。

それにはまずは「第四節」をどうしても読み通してほしい。その後で『〝夢〟哲学原論〔綱要〕』のメイン・テーマでもある「夢とは何か」について、本格的に展開することにしたい。

以下は、ある「論研」ゼミ生の小論である。私の『〝夢〟哲学原論〔綱要〕』の目次を眺め見ただけで、ここまでの、「解読」が可能とは、見事！　な論理能力の一言である。これで諸氏に分かってほしいことは、『学城』第二十一号「巻頭言」に、私が説いている次の文言である。

これは簡単には、参照が必要と思った書物は、その「題名」と「目次」に加えて「まえがき」の半ばまで読み進めれば、私には大体の中身の実質が理解できるようになってきているからである。それだけでその書物の実質的判定が可能となり、その判定の実質が狂ったことは、まず「ない」という何十年を生きてきている。ここは過去の著作で述べたように、哲学書という学問の実質に点数を付けて、「まずまちがったことはない」のである。

（『学城』第二十一号「巻頭言」）

第四節　『〝夢〟哲学 原論〔綱要〕』目次の解読

本「小論」を提出したのには、心の中での対話に大きな動き・変化があったからです。それは、ゼミ合宿前に幹事から送られてきた課題によるものでした。

それは、『〝夢〟哲学 原論〔綱要〕――人が見る夢の世界、その精神・身体原理〔講義〕へーゲル・ヤスパースに――』の目次です。先生の新しい著作とされる、その目次が示されていました。そして、『〝夢〟講義』第一巻から第六巻というすでに発表されている著作から関連部分を読み込んでくるように、という課題でした。すぐ目次に目を通しました。

「すごい、目次ができたのだ、とうとう入稿される準備が整ったのだ」と思ったとたんに、それまでの個人的な思いは脇へ押しやられました。そして、目次を事前にもらえることのありがたさをまずはしっかりと受けとめ、心して目次に目を通させていただきました。

まえがき、序論「〝夢〟哲学」とは何か、第一編　哲学的に説く「夢とは何か」、第二編哲学的認識論から説く「夢とは何か」……、全体の目次に目を配りつつ、一つ一つの言葉を順を追って辿っていこうと、詳細に目次を読み込もうとしたところ「序論」で立ち止まることになってしまいました。そのくらい、目次だけでなく一つ一つの節にも意味があるように私には受けとめられたのです。

「第一節　夢は哲学（ヘーゲル・ヤスパース）レベルで学んでこそ実態が明白になる」と読むと、心の中で応えたくなります。「そうだ、だから〝夢〟哲学なのだ」と。心の中でつぶやきながら次を読むと、「第二節　夢の問題は私達人間の認識の生生・生成発展を大本にしてこそ解明できる」とあります。ここでの心の声は次のようなものです。「そうだ、『私達人間の』なのだ、夢の問題は、私達人間の認識の生生・生成発展を大本にしてこそ解き明かされるものなのだ」と（ただただ節の文言を辿っているようにしか表現できないのがもどかしいのですが、心の中はもっと踊っていること、お伝えしたい思いです）。

そして次です。

「第三節　私達人間が夢を見る原点は端的には社会関係での頭脳的労働にある」とあります。「そうだ、私達人間が夢を見る原点は社会関係での頭脳的労働にあるのだ」と受けとめたものの、「とはいえ、ここでの本当の意味での頭脳的労働ということの内実は私にはまだ分かりえない筈、とは思うものの、社会的関係において認識は形成される、というレベルでまずは理解しておこう」と受けとめました。

実はこの一文で大きな反省とともに立ち止まることになってしまったのです。私達人間の認識は、社会的に、社会関係の中で、人との交流によって創られる、ということを分かっていたつもりでも失いかけそうな自分でいたことに気づきました。

私達人間の認識は、社会的に、社会関係の中で、人との交流によって創られる、そうであるならば、ゼミに行くのが怖い、となるのもその関係性故であるものの、その場から、その機会から逃げ出してしまったならば、それによって私の認識は創られることになってしまう。ゼミという「論研」での社会関係から創られるのもまた私の認識であり、このまま行けなくなってしまうことにはなりたくない、という思いを自覚させられたのです。「論研」という学びの場が私にはなくてはならない社会関係である筈なのだ、と。

この『〝夢〟哲学原論〔綱要〕』の目次に少しでも触れられる「論研」ゼミがあるならば、その機会を逃したくない、その場にいたいと強く思わされたのです。それが私の求めている社会関係であり、私が逃してはいけない社会関係であり、それなくして私の頭脳活動の保持はありえないと思えたからです。

ここで私の頭脳活動の発展、と記そうとして思いとどまりました。日常の仕事と社会関係の中で落ちゆく認識を実感していることを考えると、ゼミでの先生方やゼミ参加者と出会うことでなんとか落ちゆく認識をとどめることになるのではないか、発展どころではなく、せめて落ちていかないという意味での「保持」という言葉にしかならないな、と思ったのです。

いずれにしても当初の、途中でゼミに入って分からない状況だと嫌だな怖いなという思いから、途中から入って分からなくても分かっても、わずかな時間だけだったとしても、「〝夢〟哲学」に触れたい、「〝夢〟哲学」を語られる先生の言葉、先生の存在に触れていたい、それを受けとめるゼミ生と共にいたい、という思いに変わったのです。

長々とゼミ途中参加となった心持ちと言い訳を記してしまいましたが、後ろ向きになりそうな私の気持ちを大きく変えて、学びたいと奮い立たせてくれた『〝夢〟哲学 原論〔綱要〕』の目次だったのです。

※　※　※

ここからは、ゼミ参加前に読み込んだ目次とゼミでの学びがどのようにつながったのか、そして、ゼミ後に振り返った今、『〝夢〟哲学 原論〔綱要〕』目次の理解（想像）がどのようなものになっているかを記していこうと思います。

『〝夢〟哲学 原論〔綱要〕』の目次を見せていただき、まず思いましたのは、題名に意味がある筈だ、ということです。それをアタマの片隅におきながら、課題である『〝夢〟講義』の該当箇所を読み込むために第一巻から第六巻のどの部分だろうかと、それぞれの著書を眺めている時を持ちました。しかし、序論からすでに探すことができない状況でした。

第一編は、第三巻でそれまでの『〝夢〟講義』の概要を整理した章の部分ではないかと思いました。ここは「なるほど、『〝夢〟講義』の全体映像を簡潔に描かせることを導入として、特に観念論ではなく唯物論の立場で説くことに意義があることをはっきりと示すことから始まるのだ」と受けとめました。

では、『〝夢〟講義』第一巻のはじまりはどこに位置付けられたのだろう、という問いがわいてきて目次を探してみると、おそらく第二編第一章　認識論入門として収めているのではないだろうか……、というように、とにかく単純に部分部分を目次の表現を手掛かりにしながら探し出してみるということから始めることになりました。それらを通して『〝夢〟講義』第一巻から第六巻を改めて読み進め、その言葉に触れてみる、という時間になりました。

それはそれとして新鮮な、新たな第一巻から第六巻との出会いとなり、ずっとずっと以前からこんなにも説いてくださっていたことを全く理解できていなかった、と反省と共に感じている時間を持てる機会にはなりました。

しかし、ここで何よりも考えさせられたのは、『〝夢〟哲学原論〔綱要〕』は、『〝夢〟講義』とは全く異なる、ということです。その大事なところを全六巻から一冊に単にまとめた著作では決してありえない、ということです。全く違う、新しい著作であることはしっかりと理解できました。

何が違うのか、その論理性が、体系性が全く違うということです。それがどういうことなのか、を説く力はありませんが、感性レベルでは以下のように思えたのです。

一言でいえば、「〝夢〟の概念が変わる！」ということです。

感性レベルの思いもすぐに失われてしまうため、すぐにメモだけ残しておきました。

それは、「〝夢〟の概念が変わる！　〝夢〟哲学は、本物の認識学にちがいない！　人類の認識の発展史、人間の認識の発展、個としての人間の認識の発展を説いたものであり、それは、ヘーゲルの夢であり、先生の夢そのものである、認識の体系性、歴史性である！」という実感です。人類の認識の最高峰の先生の〝志〟そのものが人類の〝夢〟そのものとして受けとめられるような思いがしたのです。

人間が見る夢の重層性として、夢を描くという夢も夜見る夢もいずれにしても、夢を描くことができるのは人間だけです。人間の認識故であり、その認識誕生の原点は生命の歴史を辿らなければ解明することはできない、ということです。

夜、認識が認識の力によって描かされてしまうというのも夢ですが、昼間に描く夢として、志、というものもあります。人間だけが志を持って将来像を描いて目標とするものに向き合うことができます。それもまた夢です。そのような現実の、現代の表現である「夢」というものを説くには、認識誕生の、生命の歴史における生命体としての発展史を辿らなければならず、またそうして誕生した人類の社会的に生きてきた過程を社会としての発展の歴史性とともに、人類の認識の発展の歴史性というものもその発展史として理解することが必要です。

そして、時代時代の人類の認識の発展史をふまえての人間としての認識の成長・発達・衰退というものも赤ん坊から三歳児、思春期、青年期、壮年期……という身体・脳の発達衰退という認識の発展のあり方も問わなければならないといえます。

そして、その一般性をふまえて、個としての認識があるのであり、その個としての認識ということの現実性として、今ここに〝私〟の認識が存在するというつながりがあります。

それらがすべて論理的にも事実的にも重層的にふまえられて、「私達人間の認識」を問うことができるといえます。その私が、夢（志、目標）を描き日々生活し、今、何かを思い描こうとし、夜には勝手に夢を描かされてしまうのです。すべてがつながっていて、どこからどのように説いてよいか分からないですが、それらこれらの〝夢〟の全貌を示してくださっているのが「〝夢〟哲学」だと思えたのです。それらが〝夢〟という言葉に含まれているということを表現するならば、単なる〝夢〟では表現しきれない中身であり、そこを先生は「〝夢〟哲学」と表現されたのではないか、と受けとめました。

そしてまた、それが先生の夢そのもの、志そのものの表現であるならば、人類の発展史を含むものであり、ヘーゲルがいうところの〝精神〟に相当する、それが先生が唯物論の立場から創出された「〝夢〟哲学」なのではないかとも思えてきたのです。

そのように思えてきたら、改めて浮かんできた言葉があります。それは先生が示された（その概念はさらに発展させられていますが）、学問というものの概念です。それが「〝夢〟哲学」という表現と重なった気がしたのです。

それは、「学問というものは、自然・社会・精神として存在している現実の世界の歴史性、体系性を、観念的な実体の論理性として構築し、その内実の歴史的構造性を理論レベルで体系化することである」という概念規定です。私にはそれが「〝夢〟哲学 原論〔綱要〕」だと思えたのです。

その理解の中身はうまく表現できないですし、なぜそのように思ったのかもうまく表現にできず、先生の言葉をそのままなぞるだけになってしまいますが、感性レベルの私の実感であり、感動であり、感激であり、何かが見えたとはっきりいえる瞬間ではありました。

副題である「人が見る夢の世界」そのなんと奥深いことでしょう。人が、人が見る、夢、夢の世界、この一言一言が重く、深いものです。

「その精神・身体原理〔講義〕」、唯物論であるからには、精神・身体原理なのです。生命の歴史があっての社会の発展史をふまえつつの、人類の認識の発展史があっての人間の認識の発展過程があっての、個としての人間の認識の生生・生成発展がある、そのすべてが「〝夢〟」なのです。

それを解き、説くことが夢であった筈のヘーゲル・ヤスパースに先生が、ここまで解明できましたよ、と呼びかけている思いが、題名と副題から受けとめることができると思ったのです（そのように勝手に受けとめました）。

以上の思いが、単純に『〝夢〟講義』第一巻から第六巻のどこの文章ですか、というのとは全く違う、次元の異なるものなのだと考えた理由です。

もう一つ感じたこと、考えたことがあります。

それは、著作としての体系性についてです。

〝夢〟講義の連載から著作化された時も著作化されたことで体系性が異なるとお聞きし、たしかにそのように思えたことがありました。同じ文章でありながら同じ文章ではないと思えたことでしたが、今回はより一層そのように思えます。たしかに本文は読んでおらず目次しか見ていないですが、全く違うことは想像できます。同じであっても同じでない筈なのです。同じ文章だとしてもその論理性が違うのです。

なぜ中身を見ていないのに想像できるのかといえば、著作化の目的が違うからです。そのため筋道が違ってくる筈だと思うのです。

『〝夢〟講義』は看護学科・心理学科学生への〝夢〟講義でした。

看護学科、心理学科学生に夢はこういうものですよ、夢を説くには唯物論からしか解明できませんよ、人類の認識は、人間の認識は……どのように形成されるのか、それが、その学びがいかに看護学科・心理学科学生にとって必要なものなのか、として説いてくださっているものでした。先生の高みから説いてくださっていたものではありますが、より分かりやすくより具体的に、という道筋になっているのではないかと思います。

そのように思えば思う程に、それを学問的に整序しなおし、新たな筋道で並べ替えられたこと、その目次を創造されたこと、そのことのすごさを何よりも感じさせられます。とても私には描ききれないことです。目次を創ることができる頭脳に憧れるだけに、とにかくその格の違いだけは想像ができます。

ですから、これからまずは目次に大いに学ばせていただこうと思います。

第一編、第二編、第三編、第四編……、編、章、節というその構造性も含めて、その一つ一つの項目をその中身を描ききることができたら、私の認識はきっと成長できるだろうとただただ想像しております。断片的にも興味深い章もあります。

今の私が求めている、明らかにしていきたい、「第二編第四章　認識から言語への過程を説く」の部分です。認識とその表現との関係性、特に言語にする過程のところです。ついつい、そうした部分に入り込みたくなりますが、今は、「〝夢〟哲学」の大きな世界というものを丸ごと受けとめておきたい気持ちです。

以上、まだまだ言葉にできず、私の認識を表現するには言葉が全く足りませんが、目次をいただいたことから思い浮かべて、今回のゼミに行きたい、先生の講義を聴きたい、と思えた気持ちを少しお伝えさせていただきました。

続いて、ようやくですが、ゼミに参加させていただいての感想です。

今回は途中参加でしたので、それまでのゼミはどのようなものだったのか、お二人の方にお声がけしたところ、先生があらゆる問題を解かれ、質問に応えられた、ということと、それを瀬江先生が、それが哲学、体系性です、とまとめられたということを伝えてくれました。「やはり」という思いでした。それが「〝夢〟哲学」ですから、と心の中で思っていました。

私が参加させていただいてからのゼミで受けとめたことの一番は、〝一般映像〟を創るということについてです。認識論の基本講義は〝映像〟とは何か、ということになりますが、「外界の反映としての映像から一般化した映像に創り変え、それを体系化の映像として理論化しなければならない」ということが心に残りました（言葉は違っているかもしれませんが、映像にも論理の重層性があることとして理解しました）。そして、「観念的な世界での理論的な映像は自分で創っていかなければならない」、ということも改めて深く心に残りました。

「概念化への思惟のプロセス」などという難しい言葉はさておくとしても、学問を構築するための事実を創っていくこと、観念的な世界での映像を創っていくことは、自分のアタマの中でしかできない、そのことが難しく苦しいことなのだということは、うっすらと分かるように思います。

「学問を構築するための事実を創ることが大切である」ともいわれたように思います。

どのような文脈だったかはうまく追えませんでしたが、生命の歴史の構築の過程では、論理的な事実を措定されたとすでに示してくださっているように、社会科学の分野の方々も歴史上の事実を現実の事実としてみてとるのではなく、生命の歴史に学んだ発展の論理を一般映像として、論理的な事実を自らの認識において創らなければならないということを教え導かれたのではないかと受けとめました。

その言葉をお聞きして、その言葉に私は考えさせられました。「学問を構築するための事実」とは何だろう、どういうことだろう、と思い考えることになりました。私なりの答えは、それを導いてくれるのが「弁証法」なのではないか、ということでした。

弁証法を分かろうと努力した日々が思いだされてきます。

あらゆる事実を、日常の生活の中の事実も、体験している事実も、知識として学習した事実とされるものも、すべて弁証法として学び直す日々がありました。その学びの過程が弁証法性をもって対象をみてとる視点を培うための日々であり、それがやがて専門分野で自らの論理的な事実としてみてとらなければならないときに初めて活かされる実力につながるのではないかということです。そこでようやく弁証法が自らのものになるのではないかということです。

私はまだ弁証法の学び手のレベルでしかありません。

弁証法を説いているつもりで、まだ本物の弁証法は分かっていないことは分かっています。それでも、私の認識がすべて一般性からすべてを運動性として、変化性としてみてとること等々、弁証法の学びのプロセスを経て、私の頭脳活動がそうとしか考えられないように考えるようになったら何かをなすことができる筈と思えます。何を見ても運動性でしか見てとれなくなれば必然的に何を説いても弁証法性となる、ということだと今でも信じています。

「学問を構築するための事実」というものは発展の論理に見合った事実である筈で、そのためにもやはり弁証法の学びしかないのだと改めて気づかせてもらえたのが今回のゼミでの学びです。ゼミに参加させていただくことで、弁証法の学びの原点に返ることができました。

それもまた、繰り返しの上にも繰り返しを、という一つの学びのあり方なのではないかと思えています。

先生の言葉に導かれてここまできました。まだまだ学び手でしかなく、自らの専門分野で何もなしていないといえる現在ですが、学び続けていくことで私の道を拓いていくことを目指し続けようと思っています。ゼミ合宿でのご指導に感謝を込めて、今の思いをゼミの学びの振り返りと『〝夢〟哲学原論〔綱要〕』への憧れとしてお伝えさせていただきます。

感謝の思いを形にするためには『学城』論文を執筆するしかありません。とにかく執筆の努力だけはあきらめないように、と思います。これまでのお伝えしきれない感謝とともに、これからも引き続きのお導きをいただきたくお願い申し上げます。

神庭純子

以上の小論の筆者神庭純子は、西武文理大学教授であり、筑波大学学術博士である。神庭純子は私の直弟子という以上に、「〝夢〟講義」連載に関わる二人の中の一人である。『〝夢〟講義』の正式名の中に「看護学科・心理学科学生へ」とあることを思いだしてほしい。この筆者神庭はその当時の「看護学科、一年生」である。これは『学城』なり『ヘーゲル哲学・論理学』を読んだことのある諸氏ならば、「私（南郷継正）はヘーゲルと違って弟子を育てる覚悟をした」という文言に思い至る筈である。すなわち、神庭が看護大学に入学したのを機に、学者へと育ってくれることを願っての「〝夢〟講義」連載だったのである。その後、神庭は独立書として『初学者のための「看護覚え書」』（全四巻）、『現代看護教育に求められるもの』、共著として『看護のための「いのちの歴史」の物語』『統計学という名の魔法の杖』（すべて現代社）がある。

他の一人である心理学科の学生であった北條亮は、世にも稀なと、形容詞を付けなければならない程の劣等生的成績で心理学科を卒業した。その後、心機一転し、努力に努力を重ねて医学部に合格し、現在は市中病院で中堅医師として理論的医術、すなわち、医術の医学化への研鑽中である。

この北條のモノした書が『医学教育概論の実践』（現代社）の二冊となる。北條は簡単には、医学部入学当初から、まともな医師に育つべく実践をさせていったその実際の生々しさを説いている。やがては、いまだ世に存在できていない学問としての『医学概論』を著せるように、現在は市中病院にて必要な内科・外科の基礎力を学んでいるところである。

もっと付加すべきは以下である。この北條は、「〝夢〟講義」の連載中の一つ一つに自分なりの学びをコメントとして、その都度、私に送っていた。それは私の手元に膨大なものとして残されている。これらは初心者の「〝夢〟講義」の学びとして、とても貴重なものだけに、全集版『〝夢〟哲学原論』の中に何十点かをとりあげたいと思っている。

本書「あとがき」にも説いているように、私自身の哲学の後継者というより、「世界初のヘーゲルの後継的発展者」として可能となるべく指導中なのが、悠季真理である。

この弟子も当然のことに「武道と認識の理論」連載執筆開始とともに、真の哲学への道の修学を始めさせていったことを、ここでも認(シタタ)めておきたい。

第一編　哲学的に説く「夢とは何か」

第一章　夢の哲学的な解明に必須の過程を説く

第一節　観念論哲学の立場では夢の学的解明は不可能である

『〃夢〃哲学 原論〔綱要〕』として説く本講義は、「夢とは何か」という学問史上いまだ誰もが正解を出しきれていない大問題について、哲学的レベルでまともに説いていくことになる。

一言、断っておくが「夢とは何か」について、学問の歴史上で正解を出すことができた学者はまだ一人もいない。というより、近づけた人もほとんどいないといってよい。

「何故(ナニユエ)なのか、どうしてそうなのか」は、夢の問題を学的・理論的に説けるためには、人類誕生以来の百万年にわたる認識発展の歴史の探究と、夢の原点である認識をまともに研究した、古代ギリシャ哲学以来の二千数百年の哲学の歴史の研究と、加えるに、人間の認識の一般的な発達過程の学習・修学が必須、不可欠だからである。

しかし、現代までの学問の学びの中で、このような教育・研究がなされたことは残念ながらない。なぜなら、夢の問題は唯物論哲学の立場から究明しないかぎり絶対に無理だから、なのである。だが、現在までの世界中の学問教育・研究の中身は、観念論哲学の立場からのものがほとんどなので、結果として、夢の問題の解明はどうにも不可能だった、ということである。

端的には「世界観とは何か」というものを、すなわち「観念論哲学とは何か」「唯物論哲学とは何か」を厳しく学的に問うて、観念論哲学、唯物論哲学のそれぞれの長所、短所を把握することなしには、「夢とは何か」を哲学的に説くことは不可能だということを分かる必要がある。

そこを端的に説いた小論を、本書巻末に「付録〔I〕」としておいたので参照してほしい。

簡単に説けば、人類が、喜怒哀楽を含めての「思う・考える・研究する」等々のすべての大本の認識を、哲学レベルで「観念」というのであるが、世界観の中の観念論哲学というものは、まずこの人類の大本の観念(認識)が当初から無条件的に存在することになっているので、認識の中の一つとして存在することになった夢も当然ながら無条件的に存在していることになるだけに、結果、夢の問題は観念論では解答不可能になるのである。「それは、どうしてなのか」という質問がありそうである。答えは以下である。

夢というものは、本来は天とか神とかではなく、私達人間が創りだしたものであるだけに、動物は夢を見ないのに、私達人間はどうして夢を見るのか、かつ夢を見るようになってきたのか、から解明する必要が（本当は）あるからである。

しかし、観念論哲学では夢(認識)は初めから存在しているのだから、到底、夢(認識)の原点を問うことはできるわけがない。これは、大人の認識を知るのに、直接大人の認識からでは理解不可能であり、大人の認識を真に理解するためには、その大人が赤ん坊時代から育ってきた認識を、大人に至るまでの過程として捉え返すことがまず必要であることと同様だ、と思ってほしい。すなわち、観念論哲学では夢（認識）は、初めから存在する、つまり大人の認識としてしか実在しないことになっている。ということは、夢（認識）の生成発展を全く問うことができないので、これでは学的に解明することは不可能なのである。

第二節　夢の問題を説くには人類に至るまでの脳の唯物論哲学での解明が必須である

では、唯物論哲学の立場から説く「夢とは何か」である。

世界観たる唯物論の立場の哲学からは、夢の原点である認識は、観念論哲学のように初めから実在するものではなく、これは私達人間の脳が創りだすものである。したがって、唯物論哲学の立場から夢の問題を説くためには、夢の原点である認識（映像）の生成発展、すなわち脳の中に認識（映像）は生成発展して実存することをなんとしてでも解明しなければならない。それ故に、次のような研究が必要となる。

具体的には、生命体にとっての脳とは何か、すなわち脳のある生命体と脳のない生命体との違いは「何」なのか。より具体的には、脳はなぜ生命体において誕生したのか、つまりなぜ脳は誕生せざるをえなかったのかを、その生命体の全体系の中における脳の役割とそれに認識がどう体系的にからんでいくのか、逆からいえば、その全体系のあり方がどう脳の中に認識を創りだしてきたのか、ということを学的に解明した上で、ならば、その生命体一般の脳とその生命体の特殊・具体的なあり方における魚類の脳と両生類の脳と哺乳類の脳とは、をそれぞれの段階における違いの構造を学的に簡単ながら把握した上で、次のことを解明する必要があろう。

すなわち、哺乳類の脳の一般性と人類の脳の一般性とはどこがどう同じでどこがどう違うのか、ということを体系的に究明していかなければならない。以上をふまえて、ようやく唯物論哲学に基づく「夢とは何か」が学的に解明、かつ構成されることになる。

ここで簡単に「〝夢〟哲学」講義をまとめておこう。

夢は脳に形成されてしまう認識の一つなので、まず「認識とは何か」を唯物論哲学レベルで簡単ながら説くことから始めよう。

ここで認識とは、端的には私達人間の頭脳活動のことであり、簡単にはアタマの働きとココロの働きのことである。認識論とは一般的には私達人間の頭脳活動である認識を、歴史的・具体的に探究して、それらを論理化し、理論として学的に体系化することによって成立する学問である。

認識学の一般性の構造には序論で提示したように、以下の三つの大きな柱がある。

一つは、人間はどのようにして発展してきて現在の人間になったのかを、認識の歴史的発展から捉え返して、人類の認識としての発展過程の論理構造を説くこと。

二つは、人間は一般的にどのような認識の発展過程を持っているのか、そして、どのような発展過程を辿らせたらよいのかの論理構造を説くこと。

三つは、人間の認識の一般的発展ではなく、個としての人間の認識の生生・生成の発展過程の論理構造を説くこと。

この三本柱の内容については、第二編で詳しく説くが、以上の三本柱をしっかりと確立できた人が、認識を認識論として一般的・構造的・具体的に説けることになる。この認識論をふまえてこそ、「夢とは何か」を説くことが可能だ、ということである。

唯物論哲学で認識というモノは、説くように、私達人間の頭の中に初めから〝ある〟のではなく、赤ん坊として誕生した時点から生生・生成発展して、その人なりの認識として脳の中に存在するようになるものである。この認識は、その人の五感覚器官を通して脳の中に映じた像、すなわち映像であるから、その人なりの五感覚器官の実力とその器官を使うその人の実力と、それらを統合する脳の実力とが併せられて映像の実力＝認識の実力となる。それ故、夢の問題は私達人間一般の認識の誕生からの生生・生成の発展過程を押さえておかないと絶対に解けないのである。

だが、そこを押さえたら解けるのかというと、残念ながら「簡単には」そうならない。たしかに夢は認識の一つなのだが、説いたように、認識というものは脳の働き（活動）の一つである。その肝心な脳は認識を働かせる（活動させる）ことが一番大きな役割ではなく、大切なことはその生命体全体の体系的な総括・統括である。その総括・統括をなすためにこそ、脳による認識の総括・統括が存在するのであるから。繰り返す。

生命体は脳によって全身を体系的に総括・統括されている。具体的には脳は運動体系としての実体構造と、生理体系としての実体構造とを統一しながら総括・統括をなしている。その運動する実体とは、生命体の体系の中の骨格（体系）であり、筋肉（体系）であり、皮膚（体系）であり、神経（体系）である。もう一つの、生理体系としての実体構造とは、簡単には、五臓六腑ともいわれる内臓（体系）のことである。

もちろん、この二つを関係的にオーバーラップしながら関わる体系的な実体がある。それが、神経体系であり、血管体系なのである。これらを一つのものとして全体系的に把握し、総括・統括するのが中枢器官たる脳の働きなのである。

その脳の全体系的な総括・統括の中で、認識（映像）というものが働かされて（生成発展させられて）いるのである。したがって、夢の問題は認識の問題である以上、加えるに認識の問題は脳の問題であるだけに、脳の全体系的な総括・統括という大きな働きを無視してしまっては、ただの一歩も正しい夢の解決には至らないことを、諸氏にはまず分かってほしい。

以上のことが分かれば、観念論哲学の立場からは、逆立ちしても正しい夢の解決にはただの一歩も近づけないということが、諸氏にも少しは分かってきていると思う。

そればかりか、正しく唯物論哲学の立場にたっているとしても、以下のことが必須となる。すなわち、脳とは何か、生命体における脳の本当の実力とは何か、実際の働きとは何か、つまり脳は生命体の全身体の統一的な総括・統括器官であり、それらの総括・統括の中で、ある部分の認識（映像）が働かされ続けていき、そして、そのような過程をサルがふまえたことによって、夢の原基形態（オオモトノカタチ）となるものが誕生させられ、それが私達人間に至ってようやく、その原基形態（オオモトノカタチ）の認識の一つが夢となって誕生することになったのだ、と分かってきてこそ、「夢とは何か」の問題がまともに解ける学的実力がついてくることになる。

第三節　「生命の歴史」から説く私達人間の認識への発展過程

以上をふまえ、「〝夢〟哲学」として説いていく内容を簡単に記しておこう。

夢は認識の一つであり、認識の原基形態（オオモトノカタチ）は、対象である社会的な外界が、私達人間の感覚器官のすべてを通して脳に反映した映像であるモノが、結果的にその人その人のそれぞれの育ち方、育てられ方のあり方で、その人その人のそれぞれの認識として、その人の個性的・性格的認識として、いわば完成されてきている。

だが、問題はここからである。夢は人類になって初めて誕生するモノであるだけに、なぜ私達人間は夢を見ることが可能となったのかを、次に問わなければならないであろう。そのためには、大きく時代をサルがヒトになってきた頃、より正確には、本能的認識が、目的意識的な認識へと進化し始めた頃の昔より、もっと昔へ立ち戻ってみる必要がある。

昔々の大昔のこと、「生命の歴史」上に登場してきた両生類が、水陸両用の生活を続けることが不可能になって、やがて哺乳類へと進化・発展する時代に遡ってみていくことになる。

魚類から両生類へ、両生類から哺乳類へと、その生きる環境が大きく変化することによって、脳が大きく変化してくることになった。脳は五体全体にわたる運動機能と生理機能の総括・統括を行っている中枢器官であるから、それぞれの生命体の発展段階において、脳が力を培い、かつ使うことを覚え、覚えさせられていった結果、端的には脳の中身が自分自身の五体の運動形態・運動構造に見合う実力を把持することになったのである。

それがどう夢を見る実力と関わるのかといえば、脳の実体としての実力が自分自身をも運動させてしまう運動形態・運動構造として増していけば、当然に脳の運動統括ではないもう一つの機能（働き）である認識（映像）の形成のあり方にも影響が出てくるということである。そうして魚類から両生類、両生類から哺乳類へと、よりその認識（映像）は運動的・構造的に発展してきたのである。やがて哺乳類のトップとしてサルが誕生してくる。

成長を遂げようとしていた大樹木林での生活を余儀なくされているサルの脳とその反映してく

る映像はこの生活故に、ただの哺乳類と比べて大きく発展させられることとなったからである。

端的には、それまでの脳が描く認識（映像）は、外界の反映でしかない（しかも本能としての脳が反映させるだけの）映像だったモノが、樹上生活・樹木生活の過程的構造の故をもって、外界からの反映の映像は当然のこととして、二重・三重の多重映像を描く実力を付ける（実力が付く）ようになっていった結果、外界からのまともな反映ではない映像、すなわち、反映でもあり、反映でもないという「もどき映像」をも描く実力を把持することになってしまった。この「もどき映像」が脳の中で発生するにつれて、サルはその映像を「確かめる」方向へと運動し始めることになり、これがいわゆる「問いかけ的認識」の原始形態（原形）となっていったのである。

この問いかけ的認識がヒト（人類）に至ると相対的に独立化していき、本当の〝問いかけ〟が完成し、認識（映像）がきちんと二重化するようになった頃から、ヒト（人類）は夢を見ることができるようになっていく。これが、ヒトが夢を見ることができるようになった初めての段階であり、人間の発達段階からいうと、赤ん坊が夢を見る＝夜泣きの頃の脳の発達＝発育の中身のレベルが、ヒトの認識の夜明け段階ともいえよう。

ではもう少し詳しく、サルからヒト、ヒトから私達人間への認識の過程を見ていこう。

時が流れて、樹上かつ樹木生活を終えて野原に降り立った時、サルはヒトへと転進というより、大きな進化をし始めていくことになる。

ここの時の流れを少しだけ止めて、この状態を大きく認識に的を絞ってみると、本能的認識だけであったこのサルの認識に、大きな変化が生じ始めていたのである。それは本能的認識の中に本能に逆らいはしないけれど、本来は従順であった、そして、現在もしっかりと従順である認識の中に、従うかにみせかけて従わないアルモノが、本能からいえば自分の統括に従わない、統括がしっくりいかない認識が僅かずつ生まれ、また生まれし始めたのだ、ということである。

この当時のヒト的サルも、当初は自分のアタマの中の出来事には気づくことはなかった筈である。しかし、この出来事もやがて自分なりに自覚できるようになり、そしてそれは「なぜだ⁉」の月日が続く流れの中で、この生生してくる認識は次第に本能的認識とは相対的に独立化していくことになる。すなわち、サルは次第に自らの意識ないし目的を持ち始めることになる。もちろんこのことは、いきなり量質転化したわけではなく、この認識の当初は、単に本能とは何か違うレベルのモノだったのが、次第に本能に従わないモノとなり、それが自立していく、つまり本能に従わないだけでなく、本能に逆らってまでも独自に展開される認識となっていくのである。

現在はこれを、目的を持つとか意志が強いなどで表わすが、それらの出来事の一つ一つの大本を辿れば、目的や意志の原基形態（オオモトノカタチ）はここに、この本能的認識が本能から相対的に分離していくこれらの出来事に基因するのであり、ここが人間が夢を見ることが可能になった本当の原点である。

四ツ足（四ツ手）に大地の直接的反映を四六時中受けとっていた時代をなくすことになってしまった長い長い樹上生活の流れによって、外界から（地上から）の反映が直接性でなくなって、空間を媒介にした地上を反映するようになったために、地上の直接の反映と樹上から見た地上の直接性が薄くなっていき、途中に空間を媒介にした反映との落差が少しずつ、また少しずつと微かに、そしてまた微かに歪みが生じるようになってきたのである。

このように元々は地上で反映させて形成されていった映像と、そこから乖離して樹上で反映されて形成されるようになった映像との相克が、ある時突然にある時代のあるレベルのサルに起き始めてくることになっていく。この相克を解決するために、サルは地上へ下りることを決心(!?)し、やがてこれらがヒト的サル（類人猿）へと進化し、そこからヒトへの進化が始まっていくことになる。

これらの相克の映像のあり方の一つが、対象をいわば目的的に見る目となり、対象を自分で（主観的・自分勝手的に）描いた姿や形で捉えてしまうようにもなり……して、結果、問いかけの映像＝問いかけ的認識、すなわち「あれは何だ!?」ではなく、そこから進化しての「あれはこうだ！」として自分の主観から、自分勝手に対象をいわば斜めに見て（捉えて）しまう認識の誕生をみることにもなっていく。これが夢を見ることになる大本（根本原因）の一つなのである。

夢はヒトが目的を持てるようになった結果、いわゆる夜に「夢を見る」ことができるようになったモノであること、そしてその目的を持つということは、認識論的（映像の過程的変化的）に説くと、ヒトの脳の中で、それまでは外界からの直接の反映でしか映せなかった外界に関わっての映像が、外界を媒介的にでも映せるようになった結果、外界からの直接の映像と外界からの媒介の映像との二重性をどうしても帯びるようになり、あげく、それを二つに分けられる実力が付き始め、そしてそこから次第にヒトから私達人間になるにつれて、分けて考えられる実力を脳は把持できてしまったのだ、ということである。

以上をまとめると、夢を見ることは私達人間独特の脳の働きであり、それは魚類段階で誕生した認識（映像）が、両生類段階の水陸両用の生活過程の中で、脳が五体すべての総括・統括を運動形態の重層構造に関わりながらなさなければならなかった結果、脳自体がある種の運動性を把持するに至り、それが哺乳類段階への発展に伴った認識がより強烈な運動性としての反映を伴うことになって、遂にはサル段階で認識（映像）が多重性を帯びてくるが、最後に人類への道でこの多重性の映像が相対的に独立するようになった。つまり、問いかけの認識＝映像をも創るようになった、ということであり、そしてこれが赤ん坊の夜泣きの原因の一つでもあるのである。

本来ならここに、サルとヘレン・ケラーの重大な相関性について諸氏に説くべきことがある。だが、それはあまりにも程度が高すぎるので、改めて（後のこと）としたい。興味のある方は『ガラスの仮面』（美内すずえ、白泉社）の「その場面」をどうぞ！

第四節　私達人間の認識（映像）は外界の反映と相対的独立に発展する

ここで脳の働きの一つとしての認識について、もう少し詳しく見ていこう。

認識の原点は二つある。一つは外界であり、もう一つは五感覚器官である。この二つは、その人その人によって大きく異なることになる。外界が認識の原風景となるが、その人の五感覚器官の実力（育ち方）やその人の感情のあり方によっても、原風景は異なってくるものである。

認識は外界の反映でこそ、初めは映像的認識を形成するものであり、その映像的認識は個性的に大きく成長・発展していく。ここで私達人間の認識の最大の特徴は、その認識（映像）は外界の反映で創られた原風景が原点となるにもかかわらず、その原風景は本物の風景とは相対的に独立させられていくことになる、ということにある。脳の中で定着することになった外界からの反映の映像すなわち認識は、その脳の中でも勝手次第に創りかえられていくことになるからである。

定着した筈の認識すなわち記憶されるようになった認識というものは、少しずつその姿や形を変えていくのである。その理由は二つある。

一つは脳には時々刻々次から次へと新しい反映があり続けていく。そしてその反映は脳の中で次第に定着されていくようになる。だがこれには濃淡があり、強く反映したモノ程、つまり思いをこめて見つめたり、感じることになったりしたモノ程、濃くなり、大して興味を持たなかったモノ程、淡くといった風に、脳の中で映像としてそれなりに定着していく。

もう一つは、脳といえども四六時中休むことなく細胞レベルで代謝しているわけであるから、たしかに細胞分裂はしないものの、常に総括・統括が可能となるべく創りかえられていっている。

たとえて説くなら、古い脳と新しい脳とが相互浸透的に同居しているといったらよいのか、古い脳そのものが全く古いままではなく、常に新鮮な脳になるべく努力しており、そこに新たな脳になるべく細胞が誕生して共同作業を行っているのであり、そこへの外界からの反映であるから、当然にその外界の受けとめ方、すなわち反映する実力にも濃淡がある。

それにこれは、脳自体の新旧のみにとどまるのではない。脳には五感覚器官を通しての外界の反映がある。当然のこととして、五感覚器官を構成している（かつ構成していく）細胞の新旧によって、その新旧のあり方によって、すなわち、細胞分裂のあり方と細胞を構成する物質（食べもの）の内実によって、五感覚器官の感覚する実力は時々刻々と変化していくことになる。

これらのことによって、脳に反映されて形成された原風景である認識は、当然のように脳自体の中で変形されていくことになる。また、通常の認識は、大部分は外界の反映で形成されていくが、私達人間の育つあり方の中で、幼い時から母親を始めとする家族の中で、外界からの反映させられた認識すなわち映像を受けとる訓練から、外界抜きに認識を反映する、想像する訓練（子守歌や、あやし的教育）がなされていくことになる。

外界の反映でしかなかった筈の認識（映像）が、外界と少しずつ関係を持たされないような脳への発展が、脳の成長とともに訓練されていくようにもなっていくのである。

こうして私達人間の脳は外界を反映しない映像のみならず、外界を勝手に創造していく術をも覚えていくようになる。常に外界と関わっての映像を描きながらも、外界と関わらない映像に加えるに、外界を勝手に描く映像をも創りだすことになっていくのである。このことは、私達がきちんと目を覚ましている間にも起こるし、睡眠中にも起きることにもなる。この睡眠中に起きるのが、いわゆる通常の常識的な夢であると、まず分かってほしい。

第五節　脳は神経を介して労働と睡眠の異なった総括・統括をしている

脳は私達人間の身体の全体を体系的に総括・統括する中枢器官である。

それとともに、脳は神経そのものでもある。

脳は身体全体を体系的に総括・統括する神経のいわば帝王であるから、帝王が帝国の隅々までをしっかり総括・統治している国家としての体制を把持しているのと同様に、当然に身体中の至るところに神経を張りめぐらしており、その神経系の中で感覚を直接に司る五感覚器官にも神経が張りめぐらされている。これらの五感覚器官の神経を通して外界は感覚的認識（映像）として反映され、こうして認識（映像）は脳の中に創られるのであり、このような外界から反映した認識（映像）が原景や原風景となって、認識（映像）が次第にその人なりに個性的に形成されていくのである。以上、夢は認識（映像）の一つであり、認識（映像）は脳の働きの一つである。そしてその脳は身体全体を総括・統括している神経の中枢である、とここまで説いてきた。

ここからがまた、大問題である。それは夢と神経との関係ということになる。五感覚器官の働きは神経の働きであった。そしてそれを脳に伝える（反映させる）のも神経の働きであった。

さらに脳は、これもまた神経そのもの（神経の大本締）であった。以上、簡単にはすべてが神経の働きといってよいくらいである。

では、その神経全体の働きが、どうして外界の直接の反映ではない筈の夢への働きとなるのであろうか。諸氏も承知であろうが、私達人間の身体全体にはくまなく神経が張りめぐらされており、この神経は一瞬たりとも休むことはない。この一瞬たりとも休まない、という言葉には大きく二重構造が隠されながら存在しているのであるが、ここは臨床医を始めとして誰もが現在まで無関心であった。しかも、である。その無関心さは恐るべきレベルである。

その二重性（二つの性質）を、以下に少し説いておきたい。

一つは昼間の神経の働きであり、もう一つは夜間の神経の働きである。

この昼間の神経の働きと夜間の神経の働きとは、当然ながら大きく違っているし、違ってこなければならないものである。それだけに人間の昼間の生理学（生理構造）と夜間の生理学（生理構造）は、その実質も意味（機能）も大きく違っているのである。

昼間の生理学は身体も脳も生活（活動＝運動）している（しなければならない）ものとしての働きであるのに対し、夜間の生理学は休息している（しなければならない）身体と脳の生理学なのである。

私達人間は、一般の動物（哺乳類）とは大きく違った昼間の生理学を把持しているので、夜間の睡眠の生理学も、つまり夜間の身体的睡眠的生理学（構造）も全く異なってきているからである。これは私達人間が他の動物と違って労働を行うようになったからであり、この労働するということの中に、つまりこの労働というものの過程的構造にこそ、夢の問題を解く鍵がある。

では、労働がどう夜間の生理学に関係するのであろうか。

ここを理解するためには労働と昼間の生理学との関係を、まず理解することが必要である。労働ができるためには、労働を可能とする体形化（身体の変異化）がどうしても必要である。そのためにはヒト的サルは、全体的容態（体形）を労働できる身体への異形化にしていかなければならなかった。ここの過程的構造、あるいは構造の過程を理解してもらうには、どうしても弁証法の上級程度の実力が必要とされるのであり、その実力を持って地球の誕生から、生命体の誕生、それによる地球の二重性ということの意味が分からなければならない。それだけにここは『全集』第十三巻で説くとして、今は結論だけにしたい。

すなわちそれ故に、私達人間にとって昼間の生理学と夜間の生理学が、大きく他の哺乳類と異なることになっていったのである。というより異なるようにならなければ（変化していけなければ）、サルとヒトは同じ哺乳類として共存しなければならない条件を確保できなかったし、そのことが可能となることによってこそ、ヒトは大きく労働できる私達人間にまで進化することができていったからである。

以上の流れを少し詳しくまとめておきたい。

まず、夢というものは私達人間の脳が創りだすものであった。その脳から話を始める。

私達人間には脳がある。この脳には大きく二つの働きがある。一つは、身体全体を総括・統括するという働きである。もう一つは、外界を反映させたものを映像(認識)として定着させることを含めての、すべての映像(認識)の総括・統括をするという働きである。

脳に外界を反映させる力を持っているのは五感覚器官であった。この五感覚器官はそれぞれの外界の反映を、それぞれのルートを通して脳に伝えることになる。これは神経の働きとしてなされる。そして、これらの神経の帝王(大本)たるものが脳であり、当然に脳も実体は神経そのものである。脳はこれらの五感覚器官の神経をすべて、一体化・体系化しながら総括・統括しているのである。もちろん脳自身も神経なので、自分自身をも自分で総括・統括しながら五感覚器官のすべてを総括・統括している。

簡単には、脳が自分自身を総括・統括しているということは、脳自体を統括していることであるが、実は脳の働きには二つあった。総括・統括するということは、その二つの働きを一つのものとして体系化しながら総括・統括をしているということである。

脳自体の総括・統括の中の二つの働きとは、一つは脳自体の生理状態と運動状態の総括・統括であるし、他は脳がそれによって誕生させる映像すなわち認識の総括・統括である。

脳は自分自身の総括・統括と身体全体との総括・統括の二重性(二重構造)を、あたかも一つの体系的な構造のものとして時々刻々、総括・統括する(しなければならない)という大事業を欠かさずに行っているのである。

脳が身体と自分自身を総括・統括するということは、身体の運動と自分自身の運動を総括・統括することにとどまらず、自分自身のその二重の総括・統括すらも運動そのものであるということである。これが運動であるということの中身は、これは変化しているということを理解することが大事なのである。

それが先に説いた昼間の生理学と夜間の生理学である。すなわち、脳の、身体と脳自身の総括・統括には二重性＝二重構造がある、ということなのである。

昼間の場合の神経の働きは運動するものへとして、夜間の神経の働きは疲れをとるものへと変化させるものである。すなわち、脳による神経を通しての体系的な働きが、昼間は生活運動的（労働的）にさせられていたものが、夜間は生活の疲れを癒す働きへと大きく変化させられていくことになっているのである。これが私達人間の身体と脳の生理学の一般性である。

しかしここでさらに、私達人間には動物（哺乳類）と大きく違った部分があることを忘れてはならない。つまり、動物の行動に加えて私達人間は、一般の動物（哺乳類）とは大きく違った昼間の生理学を把持しているので、夜間の睡眠の生理学も、つまり夜間の身体的睡眠的生理学（構造）が全く異なってきているからである。これは私達人間が他の動物と違って労働を行うようになったからであり、この労働するということの中に、つまりこの労働というものの過程的構造に、夢の問題を解く鍵があると、先に説いた通りである。

ここは「第三編　生理学から説く『夢とは何か』」で少し詳しく説くことにしたい。

第二章　哲学的でない夢の専門家の実力を説く

第一節　夢に関する専門家の見解を問う

前章では、これから説いていく「〝夢〟哲学」講義の内容の肝心要な部分を分かってほしいとして、〝小論〟としてまとめてみた。読者諸氏のここまでの感想はいかがであろうか。

私としては、大変難しかったかも！　と思っている。だがここで、この「〝夢〟哲学」講義はどうしてもきちんと説くべき価値があるのだとしみじみ思わされる新聞記事を発見できた。

それは次のような内容である。本来なら記事全文を！　とも思うが、そうもいかないので、この記事の肝心なところだけを抜粋することにしたい。

暮らしWORLD

夢　積年のフシギ　なぜ見るのだろう？

朝、起きるのがつらい季節がやってきた。あと5分、ぬくぬくとした布団の中で夢を見ていたい……。ところで、人はなぜ夢を見るのだろう。そして、ゆうべ見た夢には何か意味があるのだろうか。

【太田阿利佐】

なぜ夢を見るのか、この問いには二つの要素がある。どうやって夢を見るのかというメカニズムの問題と、何のために見るのかという問題だ。

夢に関する疑問は、人類始まって以来のものだろう。近代的な研究は『夢判断』（1900年）で有名な心理学者フロイトから。彼は「夢は深層心理や満たされない欲望の表れ」と考えた。……

脳の活動について、滋賀医科大学の大川匡子（おおかわまさこ）教授（精神医学）は「眠りをつかさどる中脳や橋などは脳の深い部分にあり、起きている時は脳の表面にある大脳皮質が活性化して外部の信号をキャッチしたり考えたりする。眠りに入ると中脳や橋などが活性化し、逆に大脳皮質は活動が落ちる。これが睡眠の初めに生じるノンレム睡眠の状態です。

次いでレム睡眠になると、睡眠中枢が活性化しているのに、辺縁系と呼ばれる記憶や情動（感情の動き）に関係する部分、1次視覚野と呼ばれる見る機能に関係する皮質が活性化する。この時、私たちは夢の中で見たり聞いたりしているのです」と説明する。

一方、米ハーバード大学のアラン・ホブソン教授は、夢を見ている時は作動記憶、自覚、論理性などを担当する前頭前野背外側部の活動が低下していることを確認し、その著書『夢の科学』（講談社）の中で「夢の中で適切な状況判断ができず、『これはおかしいぞ』というチェックが働かないのは、こうした機能を支える脳の領域の活動が低下しているから」としている。


（毎日新聞 二〇〇四年十一月十一日付）

第二節　人類の歴史的な文化を学ぶことなしに夢の問題は解けない

読者諸氏。諸氏はこの記事の内容をどう思ったであろうか。そして、この記事を書いた太田阿利佐氏は大川匡子先生の解説をどう聞き、どう思ったことであろうか。さすが精神医学の専門家は違うなと感心したのであろうか。それとも、よくこんな阿呆みたいなことを平気でいえるなあと慨嘆したのであろうか。そんなことはない筈である。だったら記事にする筈はないのだから。

私見としては、記事上には見えてはいないが、「少しも納得しなかったのでは……」と思う。

そうなると、諸氏の多くから「自分はどうなのだ、武道の哲学化に加えて夢すらも専門家を自認しているなら、きちんと自分で答えてョ」となり、加えて太田氏からは「私が納得していないと、どうして分かるのョ」との厳しい声が飛んできそうである。

全くその通りである。専門分野とも広言する私の解答を述べていこう。

この専門家を自任している学者先生は、無知の恥ということを知っているのだろうか。精神（心）の問題、特に夢の問題は人類の歴史の文化の問題（労働とは何か、文化は労働によってどう創られたのか）なのに。少しはそこを勉強できているのだろうか。それなしには、どんなに夢の現象を研究しようとしても、それは無理というより、無駄なことである。

なぜなら、夢は外界的にはどこにも現象しない、つまりその人の頭の中で勝手気ままに蠢くだけで、しっかりした映像（認識）の姿や形としてすら、目が覚めればなくなっていくのだから。

小学生レベルで分かりやすく夢の姿や形を説けば、それは空に流れていく雲のようなもので、雲は一刻一瞬たりとも同じ姿や形、同じ動きはしていない。少し観察してみればすぐ分かるように、次から次へとある形容をなしての運動をしながら、その姿や形をある時は少しずつ、ある時は大きく変えていくものなのだから。

これはなぜかといえば、雲は雲としてのいわゆる実体があるわけではなく、水の状態の一つとしての雲形態なのだから、次への実体化へ向けての気象の一つのあり方でしかなく、雲が雲独自にたとえば犬のように、あるいはバラの花のように、きちんとした姿や形をとることは不可能なことだから、それが実体の機能というものなのだから、これこそが夢の正体なのだから……、である。

それだけに、夢を知るには夢を知るために必須の、単細胞から人間までの生命の歴史をまず学ぶことから始めなければならないのに、そしてその中でもサルからヒトへ、ヒトから人間への文化の道（労働とは何か）を学ぶ（辿る）ことから始めなければならないのに、ということである。

故に、諸氏には前章の「〝夢〟哲学」講義をもう一度、復習されることをぜひに要望しておきたい。そしてこれは当然ながら、十代未満の頃から私が何十年にもわたって愛読し続けているばかりか、私の著作で「新聞は毎日」と勝手ながら宣伝している、その毎日新聞の太田阿利佐氏にも、である。なにしろ私なら読者の夢のいかなる疑問にも立ちどころに答えを出せるのだから……。

「よく、そんな自信たっぷりの言葉が出てくるものだ。その自信の源は何なのだ⁉」と大半の諸氏には問われるであろう。

答えは簡単である。夢の問題はすべて解けているからである。フロイトやユングやらが解くことが不可能だったことすら、すでに解いてきている。

「サルの実験すらやったことがないモノがよくも⁉」と反論されそうだから、次を答えの一つとしておく。

『〝夢〟哲学原論』の大本である『〝夢〟講義』でも説いているように、私は自分の夢すらその夢の中で変える実験（訓練）をし、見事に成功した過去を持っている。では、その精神医学の先生は、そんな実験を自分を被験者としてやったことがあるのだろうか。考えたことすらないのではなかろうか。そして私は『育児の認識学』（海保静子著、現代社）の推薦文（付録〔Ⅱ〕）で、「赤ん坊の怖い夢すら変える実験をし、見事に成功した例が幾例も過去にある！」とも説いている。

これが自信たっぷりの理由の、ホンの一つである。

だが、これらの夢の制御を不審に思う諸氏もいることだろう。そこで以下の「記事」を見てほしい。現在でも、不屈の闘志でここを成し遂げた人がいる。

あすへの話題

ジャンケンポン！

俳優　中井貴恵

時々見る定番の夢がある。それは、誰かに捕まって殺されるという場面で、どうしても大声がでないという夢だ。命のかかったこの大事な場面で「助けてー」と大声で叫ぶことができないのである。必死で声をあげようとするがでない。あーーもうダメだ、というところで目が覚める。ガバッと布団をはねのけ「あー夢だった、よかった、助かった」と胸をなで下ろす。目が覚めた後で、人生のここぞという時に大声がでないという、結構ダメなところがある自分に気づかされるのだ。

先日、久しぶりにこの定番の夢を見た。ところがこの日のパターンはなぜか「助けて」ではなくて「大きな声でジャンケンポンを言え。そうでなかったら殺すぞ」と脅かされている夢だった。なに？　ジャンケンポン？　なんの勝負をつけるためのジャンケンポン？　でも殺されるのは怖くて必死で大きな声をだそうとしている。そうだよ、いつもここで声がでないじゃないか、きょうこそ大きな声で叫ぶんだ、と夢の中で自分を叱咤激励する。すると「ジャンケンポン！」と見事に大声がでた。やった！　殺されなくてすんだ。やればできるじゃないか。長年の課題をクリアできて実にすっきりとさわやかな朝を迎えた。
それからしばらくして、夫が言った。「そういえば3日くらい前だったかな、夜中に突然ジャンケンポン！　って叫んでたよ」。え？　まじ？　いやだ。どうやら「ジャンケンポン」の雄叫びは夢だけじゃなかったらしい。でもなんで翌日じゃなくて3日後に思い出すの⁉　達成感にあふれたあの夢はこの一言で私の頭の中から完全消去された。

（日本経済新聞　二〇二一年十一月五日付　夕刊）

この謎の解明、なぜ夢の中の呪縛からの解放が可能となったかの説明はいずれ、としたい。

第三節　夢の問題の解明は夢を描かされる脳の過程的構造から出立すべきである

だが、である。この精神医学とやらの、そして夢の専門家とやらの人に対して、私が単に駄目研究であると説くだけでは、読者諸氏の誰もが納得しない筈だし、まして、この引用文の記事を書いた太田氏にしても、「私の『〝夢〟哲学 原論』を全文をしっかり読んで！」と諭しても読まないばかりか、かえって絶対に納得しないと思うので、少しだけこの記事の中身を説いておきたい。

まず、「朝、起きるのがつらい……」と太田氏は記事で嘆いてみせている。これは私達人間にとって本当に辛いことなのであろうか、そんなことはない。働きバチの太田氏のような人にとって、あるいは、成長期の子どもにとって、そして受験生レベルの睡眠を勝手に減らしている人にとって辛いだけなのである。それを一般化して、他人もそうなのだろうと推測しているだけであるから……。

それこそ、ここはどうでもよいのだが、本当にフシギなのは、どうして「ぬくぬくとした布団の中で夢を見ていたい」となるのだろう、ということである。なぜなら、夢の問題を扱う専門家は、楽しい夢を扱うことはまずないからである。フロイトにしろ、ユングにしろ、である。

その夢がなんとも〝辛い〟から、夜眠るのが怖いからこその相談を受けているのであるから……。赤ん坊が、幼児が、小学生が、怖い夢を見てしまう、そしてその夢が辛い、これは見ている時は当然のこととして、起きてからも何か不吉なことが起きるのではないか⁉　などと、とても怖くなるからである。つまり眠っている場合は当然のこと、起きた後でも辛いから、なのである。

だから、〝夢占い〟というバカなことが繁昌するのであろう！

実はずっと以前のこと、偶然のことで東大のあるOB会総会へ講義を頼まれて行った。

題して「働きざかりの中年は夜どんな夢を見ている（見てしまう）のか、そしてそれがなぜに怖い、辛い夢だらけなのか、そしてそれを防ぐ方法はないのか……」であった。

講義の時間は2時間半にわたったが、大学教授や官公庁の幹部レベルの地位にあるＯＢ諸氏は、それはもう「わが事」のように熱心に聞いてくれていた。終わった後に心からの謝辞を幾つももらった。大半は「これで怖い夢を見ることを減らせると感じた」ということに加えて、「これで自分の子どもの怖い夢も治せるのでは……」というものもあった。

太田氏の「ところで、人はなぜ夢を見るのだろう。そして、ゆうべ見た夢には何か意味があるのだろうか」は良い質問、というか良い疑問である。ここに関しては、本書の中でまともに本質に迫りながら説いてきているので、繰り返し読み返してほしい。

次の問題である。これは「なぜ夢を見るのか、この問いには二つの要素がある。どうやって夢を見るのかのメカニズムの問題と、なんのために見るのかという問題だ」である。

まず第一の、どうやって夢を見るのかのメカニズムの問題は、問題としては単純なのであるが、心理学者や精神医学者にとっては、これはどうにも解けない問題なのである。なぜかを簡単に説くと、夢はたしかに脳が描くものであるから。ここを、まず分かってほしい。

「脳が夢を見る！」のではない。脳は夢なるものを「勝手に描く」のである。

見るのと描くのとでは大きな違いがある。観念論ではこの区別は絶対にできない！　すなわち、見るのであれば、見なければよいのであるが、脳は見るのではなく脳が勝手に描くのであるから、これは止めることは不可能なのである。そして、である。夢は必ず描かれるモノなのである。これは脳にとって必然性なのである。

したがって、脳が夢を描く、脳が夢を描かされる構造すなわち過程的構造、つまり簡単にはそのメカニズムを解けばよいだけのことである、ここは。

ここを解くことができさえすれば、「なんのために見るのか」という質問は本当の愚問（失礼！）であるということが分かってこよう。つまり、こんな質問はありえないことは分かってよい筈である。

もっとも、フロイトや精神医学者とやらの観念論者には、当然のことのように適切な質問とはいえるのであろうが……。だからこそ、夢分析の第一人者であったフロイトは、「夢は深層心理や満たされない欲望の表われ」となしたし、そう説くしかなかったのである。こうやって逃げていれば、ほとんどの人は「そうだよな⁉」と納得する筈であるから。

その後にくる大川匡子氏やアラン・ホブソン先生の引用の〝説明文〟は、脳が眠っている（！）状態の〝働き〟の説明をしているだけ！　でしかない。なぜ睡眠中に脳はそんな状態を呈するのかを説明すべきなのに、そこは、全く「なし！」である。それどころか〝レム睡眠〟と〝ノンレム睡眠〟などとバカげた言葉で、あたかも説いているかのようなフリをしているだけである。

これではまるで「言葉は、言語であり言語でない」といっているような悲しいレベルなのである。

ここは少しだけ説明を加えておくべきであろう。

どうしてこのようなこと、つまり「こうした機能を支える脳の領域の活動が低下しているから」では絶対になく、脳は別の機能たる夜の生理学としての睡眠時における身体の疲労に関わる匡正（矯正）をまともに、かつしっかりなし続けているのだ。それ故に、ここを、それが正常の活動とまともに把握すべきであり、器械に頼っての数値を鵜呑みにして、活動の低下と把握してはいけないのだ。すなわち「昼間の生理学」と「夜間の生理学」で先に説いておいた実状そのものだ、と諸氏には簡単に分かった筈である。

第三章　夢に関わる私達人間の脳の総括・統括の過程的構造を説く

第一節　私達人間の脳の総括・統括は四重構造の性質を把持する

前章では、「暮らしWORLD――夢　積年のフシギ　なぜ見るのだろう?」（毎日新聞 二〇〇四年十一月十一日付）を取りあげてみた。その理由は、現代における世界の第一級の夢の専門家と目されている人（⁉）ですら、この程度のことしか夢の問題を解く力がないのだ、だからこの「〝夢〟哲学」の講義が求められて当然なのだとして、その専門家たちの中身が本当に情けないレベルであることを説いてみた。

そこをふまえて、少し遠ざかっていた夢の学的解説をまずは復習しながら、残りの問題を説いていくことにしたい。再三説いているように、まず、私達人間の夢というものは、私達人間の脳が自らの勝手で創りだすものである。この私達人間の脳には、大きく二つの働きがある。

一つは、身体全体を総括・統括する、すなわち運動するものとしての五体の構造それぞれをしっかり一括り的に総括しながら統括することとともに、それらを行えるように五体の生理構造をしっかり総括・統括することを併せて総括・統括するという働きである。

ここを単純に公式風で説けば、〔運動の総括・統括×生理の総括・統括＝脳の全体的総括・統括〕となる。加えて、ここでもっと分かってほしいことは、「運動＋生理」ではなく「運動×生理」だということである。

ところが、である。脳にはもう一つの総括・統括がある。それは外界を反映させるための五感覚器官を総括・統括しながら、その五感覚器官が反映させたものを映像（認識）として定着させることを含めての、すべての映像（認識）の総括・統括をするという働きである。

ここも公式風に説けば〔感覚器官×映像（認識）＝脳の総括・統括〕となる。

初心者に少し説明すると、この脳に外界を反映させる力を把持しているのは感覚器官、すなわち五感覚器官であった。私達は、うっかりするとこの五感覚器官はそれぞれの外界の反映を、それぞれのルートを通過して脳に伝えることになると錯覚しがちであるが、これは別々のルートを通るのではなく、直接的同一性あるものとして、分かりやすくは一束のようなもの、というより一括したものとして、つまりは合同統一的な神経の働きとして、なされていくものである。

そして、これらの神経の帝王（大本）が脳であり、当然脳も実体は巨大な神経そのものである。脳はこれらの五感覚器官の神経をすべて束ねながら、かつ体系的に一体化しながら総括・統括をなしているのである。

読者諸氏も承知のように、当然のことながら脳も神経の一種なので、自分自身をも自分自身で総括・統括しながら、五感覚器官のすべてを総括・統括しているという、実に大変な作業を行っている。

ここを簡単に説きなおすと、脳が自分自身を総括・統括しているということの中身は、脳自体の総括・統括の中にも二つの働きがあるのだ、ということであった。その一つは脳自体の生理構造と運動構造のカケ算的な総括・統括であるし、他は脳がそれによって誕生させる映像すなわち認識の総括・統括である。

ここでの公式（風）では〔脳の総括・統括＝脳の生理×運動×認識〕となる。

以上の複雑極まりないことを、つまり脳は自分自身の総括・統括と、身体全体の運動と生理との総括・統括の二重性（二重構造）を、あたかも体系的一体的構造のものとして時々刻々総括・統括する（しなければならない）という大事業を、生きている以上、四六時中欠かさずに行っている。

脳が身体（の運動と生理）と自分自身（の運動と生理）を総括・統括するということは、身体の運動と自分自身の運動を総括・統括することにとどまらず、自分自身のその二重の総括・統括すらも運動形態そのものであるということである。また、これが運動形態であるということは、これは一般的な変化をなしながら、それと直接に部分としても変化していくという形態を把持している、ということでもある。これこそが先に説いた、昼間の生理学と夜間の生理学の大切な中身なのである。

すなわち、である。脳の、身体と脳自身の総括・統括には二重性＝二重構造があるが、これ自身にも昼間の生理学としてのものと、夜間の生理学のものとしての二重性があり、合計四重構造の性質を把持しているのだということを、諸氏ははっきりと自覚できなければならない。

「そうでないと、どうなるのか?」と反問があると思う。答えは、「その理解がないと、夢の問題の解決は全く不可能となる」ということである。そんな諸氏のために、もう少し復習しておこう。

日常生活の中では私達人間の身体は、起きている昼間は少なくともある程度の運動をしている。どんなに運動が嫌いな人でも、立ったり、座ったり、歩いたり、読書をしたり、物を持ったり、運んだりくらいの身体を動かす運動は必ずしている。

これを昼間の生理学として捉える。すなわち、私達人間の身体は昼間は本能的ではない、なんらかの運動をする身体として、それなりの変化形態をとらざるをえないのである。

ここで少し、他のことを考えてみよう。では動物（哺乳類）はどうなのだろうか、と。

これも当然に昼間の生理学と夜間の生理学は異なる。でも、これは私達人間の場合と大きく異なることになっている。私達人間の場合が、なぜ異なるのかも説いたが、端的には動物（哺乳類）の場合はその動物、つまり犬なら犬、猫なら猫としての運動が絶対的であり、すなわちそれらの動物の運動形態そのものであるし、それ以外の運動形態はありえないし、躾けないかぎりとりえない。

ところが私達人間は大きく違う。私達人間の場合は、犬や猫と違うのみならず、大本のサルとも大きく違うのである。簡単には、動物はその脳が持つそれぞれの本能的な運動形態のみの運動をなすのであるが、私達人間がいくらサルから進化したといっても、サルとは大きくというより、大本のサルとは全く違った運動（形態）を行うことになってきているからである。

すなわち、サルが本能に基づく運動形態であるのに対し、私達人間の運動はほとんどが本能的運動に基づくことのない、いわゆる労働としての運動形態だから、である。

労働に基づく運動形態の中身は、本能に基づくことがほとんどないままの、認識によっての創造に基づく異質な身体の動かし方の形態をとる。これは当然に、誕生時からそうなのである。犬や猫は放っておいてもすぐにしっかり犬や猫になり、かつ犬や猫の運動を行い、さらにその運動形態のみを発展させ、いわば大人の犬や猫になっていけるものである。

だが私達人間は、生まれた時から、人間になるための運動（すなわち人間になるための労働）を、その運動形態とともに教育され（躾けられ）て初めて私達人間になれるのである。

第二節　労働の過程的構造に夢の問題を解く鍵がある

そもそも、私達人間の昼間の場合の神経の働きは、特別な運動である労働をするものへとして、夜間の神経の働きは、その特別な運動である労働の疲れをとるものへと変化させられるばかりでなく、その特別な運動たる労働のために歪んでしまった身体の変化を、元の身体へと戻す働きをもさせられることになっている。すなわち、脳による神経を通しての体系的な働きが、昼間は生活運動的（労働的）にさせられていたものが、夜間は生活の疲れを癒す働き（つまり、身体の疲れをとるだけではなく、身体の歪みを元へ戻すことも）へと変化させられていくことになる。

これが全体としての私達人間の身体と脳の生理学である。

以上説いたように、人間には動物（哺乳類）と大きく違った部分があることを、けっして忘れてはならない。つまり、動物の行動に加えて人間は、一般の動物（哺乳類）とは大きく違った昼間の生理学を把持しているので、夜間の睡眠の生理学も、つまり夜間の身体的睡眠的生理学（構造）が全く異なってきているのだ、ということを、である。これは説くように、私達人間が他の動物と違って労働を行うようになったからであり、この労働するということの中に、つまりこの労働というものの過程的構造に、夢の問題を解く鍵があると先に説いたように、である。

ここで一言、断っておく必要がある。それは特別な運動（労働）と説くと、それこそなにか特別に凄い運動、たとえば重労働とか、柔道や相撲のような激しい運動を諸氏は想像してしまいかねないと思う。しかし、そうではない。特別という実際は、「動物（哺乳類）のように本能に基づいた運動ではない！」という意味である。それこそ、机での読書も、台所での仕事でも、テレビを見続けることでも！　特別な運動（労働）なのである。

以上を簡単に説き直せば、私達人間はどのような日常生活を送ろうが、それが私達人間としての社会生活である以上、必ず動物とは違って労働としての運動が存在する生活を把持することになっている！　ということである。

そこで次は、この労働のある生活過程がどのようにいわゆる夢に関わってくるのかが問題にされなければならない。夢を見るということは私達人間独特の行為であり、しかもそれが労働に関わってのことなのだということを、ここでもう一度、はっきりさせておこう。

その夢とは、原形は認識そのものであった。したがって、通常の認識として誕生したものであるものが、なぜ夢などという不可思議なものになるのかの過程を、しっかりと分かることが大切である。それだけに、まず通常の認識の生成過程をもう一度振り返ってみよう。

誰の場合も同じことなのであるが、通常の認識は、大部分は外界の反映で形成されていくが、その外界とやらも、初めはその私達人間の育つあり方の中で、幼い時から、まずは母親を始めとする家族の中で、外界からの反映させられる映像（認識）、すなわち母親からの映像（認識）を受けとる訓練から、次第に外界抜きにでも映像（認識）を反映するように育っていくようになる。

すなわち、想像する（＝自分である認識を創る）訓練（教育）がなされていくことになる。

ここから、外界の反映でしかなかった筈の映像（認識）が、外界と多く関係を持ちながらも、その外界と少しずつ直接の関係を持たされないような映像形成力（認識能力）のある脳への発展が促されていき、そしてそれが脳の成長とともに、つまり幼稚園（保育園）生から小学生・中学生へと成長するにつれて、より大きく訓練されていくようになっていくのである。これは学年ごとに発展させられている教科書の中身で考えれば、誰にでもすぐに分かってよいことである。

こうして脳は外界を反映し続けつつも、その外界と相対的な独立性を保つ、すなわち、あまり外界を反映しない映像（認識）のみならず、あろうことか、そこからまた外界を勝手に創造していく術をも覚えていくようになる。つまり、いつもいつも外界と関わっての映像（認識）を描きながらも、外界と関わらない映像（認識）に加え、外界を勝手に描く映像（認識）をも創りだすことにもなっていくのである。このことは、私達がきちんと目を覚ましている間にも起こるし、睡眠中に起きることにもなる。この睡眠中に起きるのがいわゆる通常の、常識的な「夢」である。

ではその常識的な夢は、どのように毎夜毎夜創られていくのか、というより創られてしまうのかが、大問題なのである。ここでまた、復習である。

簡単に説けば、脳は私達人間の身体全体を体系的に総括・統括する中枢器官である。とともに、脳は大神経でもあった。脳は身体全体を体系的に総括・統括する神経のいわば帝王であるから、当然に身体中の至るところにそれぞれの神経を張りめぐらしており、その神経系の中で感覚を直接に司る感覚器官にも、神経系が当然に張りめぐらされている。これらの感覚器官の神経系を通して外界は感覚映像として反映され、こうして映像は脳の中に創られるのであり、このような外界から反映した映像(認識)が原景や原風景となって、映像(認識)が次第にその人なりに個性的に形成されていくのであった。しかし、ここで以下の大切なことを忘れてはならない。

それは、これら五感覚器官としての働きを司っている神経系は、また運動としての働きをも司っている神経系統でもあるということである。したがって、同じものを反映(感覚)しても、その神経系が激しく運動(労働)している場合と、静かに蠢いているだけとでは感覚が大きく違ってくる、ということである。

すなわち神経系の働きは、運動(労働)によって大きく異なるので、その運動(労働)している場合の反映した映像(認識)は、静かに座っている場合の映像(認識)と大きく異なることを分からなければならない。ここをふまえてこそ、夢は認識の一つであり、映像(認識)は脳の働きの一つだといってよいのである。そうしてこそ、その脳は身体全体を総括・統括している神経系の中枢(帝王)であると説いてきた中身をしっかりと分かってもらえることになるのである。

さてここからが、大問題の夢と神経との関係、ということになる。

以上、本編においては、「夢とは何か」を学的に解明していくにはどのような過程が必要なのかを、簡単ながら説いてきた。すなわち夢の解明は、学問としては唯物論哲学の立場にたたなければ不可能であり、唯物論哲学の立場にたつとは、夢は脳が描く映像（認識）の一つであるから、脳とは何かの解明が必須であり、そのためには「生命の歴史」において魚類で誕生した脳が、どのように私達人間の脳にまで発展してきたのかの過程を辿り、それをふまえた上で、私達人間の脳がどのような総括・統括を行っているのかの生理学の構造を明らかにすることによって、初めて可能になるということであった。

このように、夢の哲学的な解明に必須の過程を大よそ提示した上で、「第三編　生理学から説く『夢とは何か』」「第四編　弁証法的に説く『夢とは何か』」で、その内容を詳しく論じていくことが可能になる。

しかしながら、実はその前にもう一つ、しっかりと学んでおいてもらわなければならない重要なことがある。それは「何か」というと、認識論の基礎である。この学びなくして、認識の一つである夢の問題は分かりようがない。ところが、である。現在に至るも認識論を学べる書物は、世界的にみてもどこにも存在しないといってよい程である。ここで読者から反論があると思う。三浦つとむの『認識と言語の理論』の大著を忘れてしまったのか、と。忘れているワケはない。だが、である。かの大著には、「認識とは何か」があの何百頁もある著作のどこにも説かれていない、というくらい「何も」ないのである。

かの大著は、まずもって認識（映像）の使い方、すなわち機能から説き始めているとの欠陥がある。したがって夢の問題に入る前に、次編でまずは認識論の基礎をしっかりと説くことにしたい。

第二編　哲学的認識論から説く「夢とは何か」

第一章　認識論入門

第一節　認識論とは何か、心理学との関係を少し説く

読者諸氏には、ここで質問というより疑問があると思う。それは「認識論」という言語（文字）についてである。認識論という言語に馴染みのない諸氏は、「どうして心理学ではなくて認識論という不思議な言葉なのだろう」と思われるのではないか、ということである。

「名は体を表わす」という言葉もある。ここで説く問題は、けっして心理の中身だけを説くことにあるのではない。人間の精神（心）に関わって内・外の出来事のすべてを、哲学的レベルで理論的に説くことにある。すなわち、夢の問題を、フロイトやユングの夢論レベルのことを説くには、精神や意志や魂をも含めた、また信心や信仰をも含んだ、悟り＝悟得・極意の本来的な大問題を説くに必要な基本をまずもって説明すべきだからである。

となればこれは、心の理（コトワリ）とはいっても心理学の扱う心裏（つまり、心の中の表には出ない現

象）の問題にとどまらないことになろう。

そうである。そこをも扱うためには、心理学を軽く超越していく認識論＝認識学が必要なのである。本物の学問（ヴィッセンシャフト）としての認識論が、精神（心）を含めた認識を哲学的に扱う実力がどうしても必要となるのである。それだけに、諸氏には時代を先取りした心理学以上の実力を持っている認識論の中身を、すなわち二十一世紀の新興学問となるであろう認識学の内実！を、ここでまた大きく説くことにしたのである。

ここまで説いてみても、まだうなずけない諸氏もいるであろう。なぜなら、認識論なるものはやはり前時代の遺物ではないのか、と思える現実があることは「確か」だからである。

認識論なる言葉は、たしかに古びた響きがある。それが証拠に、今はほとんどの大学で、その課目の片鱗すらない。しかし往年は、これは哲学という、学問としてもっとも高い巨大的位置を占めるものの大きな柱の一つだったのである。

歴史の流れを辿ってみれば、哲学という巨大な学問の中で、カントあたりの時代に認識論が誕生し、それが哲学の偉大な幹となったのであるが、その流れから、つまり認識論の流れから、いわば心理学は派生したものであり、数十年前までは心理学は到底、独立したものにはなりえず、哲学の中の単なる特殊科目だったのである。端的に分かりやすく説けば、「東京帝国大学文学部哲学科心理学専攻」といった形式で、実在していた。

それはともかく、人間の頭脳活動を考えてみれば分かるように、これは脳の機能（働き）の一、つである。この脳の機能を別名「認識」といい、頭脳活動＝認識活動としているのである。

そしてこの認識活動を大きく二つに分けて、アタマの働きとココロの働きとするのであるが、このココロの働きを究明するとされている筈のものを、いわゆる心理学と称するのである。

だがここで、これを「不思議だなあ」と思う人はあまりいないのであろうか。アタマの働きとココロの働きとは、たしかに言葉としては違うが、事実としては、同じ脳の働き＝機能なのであるから、その脳の同じ機能を二つに分けてしまって、全く別のものとして研究してしまっていったら、最後にはどう互いを理解し、どう互いを区別するのであろうか、と。

ここで念のための一言。認識論はたしかに頭脳活動を見事にする学問であるが、これを学べばそれですべて、ではない。見事な頭脳活動にするためにはもう一つの大きな学問が厳然として存在している。それは、諸氏も名だけは承知の「哲学へと昇格していった弁証法」である。

ここで諸氏にはこの二大学問のことをぜひに学んでほしい。理由はこの両者を併せ、かつ総括・統括レベルで学びとってこそ、本物の頭脳活動の実力となることができるからである。

しかしながら、本書の大半の諸氏が承知しているように、この二つの学問は、全国のほとんどの大学でその片鱗すら見ることはできない。つまり、そのような課目の学びは、わが日本には「全くない」に等しく、僅かに二流・三流の大学で、老いた哲学青年の中に、弁証法とか認識論とかの言葉を口にされる人が、時にあるのみである。それも大半はヘーゲルの引用あるいは批判という形を借りて、である。たとえば、「ヘーゲルの弁証法とよく人はいうが、ヘーゲルはその書物の中で弁証法なる言葉の中身を一度も当人の文章で説明してはいない！　すなわち、なんのことだか分からない正体不明の言語だともいえる」とか、のようにである。

ここでヘーゲルのために急ぎ弁護しておけば、弁証法を用いるとは、けっして弁証法という言葉を使うことでもなければ、それを説明することでもなく、ましてエンゲルスの提出した弁証法の三法則といわれるものを直接に用いることでもない。というのは、この言葉を使えば論文が弁証法になるというわけでもなく、三法則を適用すれば弁証法を駆使したことになる、とはかぎらないのであるから。

第二節　認識論と認識学の違いを説く

さて、以上説いてきたことはとても大事なことなのであるが、分かってもらうのは大変なだけに、ともかく大切なことだとは思っていてほしい。

ここでまた初心者レベルの質問をしたい諸氏がいると思う。それは、「思う」と「分かる」とはどう違うのか、である。この初心者レベルの人に簡単に説くならば、以下のようになろう。

「思う」というのは、アタマの働きとしては「脳がある映像（認識）を浮かべている」、つまりは脳がそれまで蓄積してきている種々の重層的な映像の中のある分野の何かをそれなりに描きだしている、ということである。これに対して、「分かる」とは、それらの映像を「思って（浮かべて)」いるのではなく、それらを自分なりの筋を通した映像(認識)としてきちんと並べながら出している。つまり、ああだからこうなるのだといった映像(認識)として、いわば論理レベルの映像(認識)に形成し直しながら出している、ことである。この映像(認識)というものの展開の話は、まだまだ初心者には無理な答えだとは「分かっている」のであるが、一応、初心者向けの解答では以上である。より詳細は、『ヘーゲル哲学・論理学』の「認識学」の項で学んでほしい。

というわけで、この第二節は少し難しい話から始めることになる。

なぜこの節の話が少し難しいものになるかを、まず説明すべきであろう。それは諸氏に、「アタマの働き」についての基本的な事柄を学んでもらう必要があるからである。算数でいえばタシ算とかカケ算とかの意味以前の、「数とは何か」、つまり、「一とは何なのか、二とは何なのか」「どうして数というものは必要なのか」等々の説明のようなモノだと「思って」もらえればよい。

一とか二とか、あるいはそれを「足ス」「引ク」といったことは事実レベルでは小学校以来、ずっとやってきた筈であるが、この数とは何か、式とは何かについての学的、あるいは論理的な意味を教わったことのない筈の諸氏には、「思って」もらうだけでも、本当は大変なことなのであるが……。この数の論理ということの難しさ以上に、アタマの働きの論理は難しいモノなのである。だが、難しくても、どうしても分かってもらう必要がある。ここをしっかりと分かってもらえたら、アタマの働きの事実を分かることは、大して難しくはない。そういうわけで、本節は難しいけれども、とてもとても大切なアタマの働きの基本の話から始める。

「アタマの働き」を、歴史的といってよい程の昔々から研究してきた学問の総合・総体的な名を、哲学という。その中で特に、アタマの中の出来事に中心をおいた学問のことを認識論という（と思ってほしい）。アタマの良い読者は、学問の筈なのにどうして認識論なのだろう、どうして認識学といわないのだろう、と不思議に思うことであろう。

「今回は難しい話を！」なので、ここで簡単にでも説いておくべきであろう。

その大きな理由は、学問としての認識を論じることは元々、哲学という学問の中の一部分、一分野なので、「学」というにはオコガマシイから、つまりまだ学問という体裁を整えられないから、ただこれは「こういうことではないのか」と論じることが「ようやくにして」可能なレベルでしかなかったから、「学」というにはオコガマシイくらいでしかなかったのである。しかしこれは昔々のお話であって、現在での本当の理由は、「学」になりきれるレベルまでの論理的な究明が進まなかった、つまり哲学者という学者の研究的能力不足の故である。

では、「学」と「論」の違いは「何か」と問う諸氏もいそうである。これも答えておくべきであろう。まず、やさしい「論」の方から説いてみよう。

認識論という場合の、この「論」というのは理論ないし論理というレベルの「論」なのである。したがって、ここの説明も必要となるであろう。論理を初心者向けに説けば、自分の専門とする分野、この場合であれば認識という分野の事実という事実に共通する性質を発見して、それを一般性レベルの法則性レベルの共通性として把握したモノを「論理」という。

そして、この論理の構造性に着目して、それらを法則性レベルまで高めて、専門とする対象の分野をすべて説ききった時に、それを「理論」と称するのである。ついでに法則とは、ある分野の個別的特殊性に着目した一般性の論理構造のことをいう。諸氏が学校で教わったオームの法則、ボイル・シャルルの法則、メンデルの法則等々のように！　である。

したがって、認識論と称する書物があったとして、その書物の内容が理論のレベルで説いてあるのか、それとも、理論とはいかなくても論理のレベルでは説かれているモノであるのかは、「読んでみなければ、ワカラナイ！」ことになる。つまり、認識の「論理」なのか、認識の「理論」なのか、それすらない低級な評論かは、論理能力のある御仁が、読んでみることによって初めて分かるのである。

さて、そうなると、論理と理論の区別はなんとかアタマの中で思えるにしても、それら認識の「論」と「学」つまり、理論と学問の区別はどうなるのか、である。

端的に説けば、学問すなわち、「学」とは論理の体系で成り立つものである！　といえる。ここで体系とは、自分の専門分野のすべてを一本の筋を通しきって体系的に説くことである。したがって、学問が体系的であるということは、自分の専門分野の部分部分を誰か彼かがしっかりと説いておいて、それらを編集者なる人が集めて合作した、すなわち集合したモノ（出版物）をいうのではない。すなわち、世のいわゆる体系書なるモザイク体の叢書のことをいうのではない。

ここに関しては、日本においても目下、たった一人といってもよい程の医学者である（体系的な書物を出版している）瀬江千史の「体系とは」に学ぶことが必要であろう。それ故、瀬江千史の書の「体系とは」を引用したい。これも大変に難しい文章であるが、まじめな読者だったら、将来、役にたつ日がくる筈なので、恐れないで読み通して分かる努力をぜひに行ってほしい。

体系とは、読んで字のごとく体の系である。すなわち、人間の体のようにつながって、ひとまとまりになっているものである。人間の体はみれば分かるように、頭がありその下に体幹があり、体幹から手、足が出ている。そして、全身が頭に存在する脳によって、神経・ホルモンを介して完全に統括されている。このようにあるべきところにきちんとあるべきものがあり、それが一貫してつながってひとかたまりになって脳の支配の下に統括されながら活動していけるものが、体系なのである。頭が体幹の下にあっても体系でなく、手の部分に足がついていても体系でなく、さらにそれが脳に統括される神経によってきちんとつながっていて活動することができなければ、また体系ではないのである。学問体系は、これにたとえて、本質論が頭、構造論が体幹、現象論が手足であり、全体系を貫く論理性が神経ということになるが、これまた当然に脳、すなわち本質論によって統括されていなければ、つまり本質論につながる構造論でなければ、そしてそれが活動できなければ学問としての体系ではないのである。

またここで誤解のないように念を押しておくべきことは、学問体系とはあくまで論理の大系であって、どんなに数多くの事実が集められていても、それは事実の集合箱ではあっても、決して学問としての大系ではないということである。なぜここであえて念を押すのかといえば、現代の医学は事実の集積にしかすぎない、いわゆる大系、すなわち膨大な事実のモザイク的集合箱でしかなく、なんら論理の大系たる体系になっていない（たとえば『現代小児科学大系』〔中山書店〕にみるように）のであるが、それが医学の学問体系であると、医学者と称する専門家をも含めて世間一般に錯覚されているのが現実だからである。

事実のいわゆる大系と論理の大系のちがいは、小学生にも分かるレベルでいささか漫画的にいうならば、事実のいわゆる大系は、会社とは名ばかりのガランとした大きな建物の中で、社員千人がただ右往左往しているのに対して、論理の大系は、千人の社員が、会社の規範（＝法律レベルの）に従って社長―部長―課長―係長―平社員と、会社内のそれぞれの部署に整然と配置され、規範に基づいてくだされるひとつの指揮系統の流れの中で仕事をしているようなものである。どちらが会社としての体をなし、かつ機能しているかは明らかであろう。このたとえからも分かるように、事実はいくら集めても、集合箱としての大冊にはなっても体系にはならないのであり、体系はあくまで論理性を持ってしてはじめて可能なのである。

（瀬江千史著『看護学と医学』上巻、現代社）

以上の瀬江千史の著作にあるように、論理を体系化しながら説いたものが学問ということになる。こういう水準に達したモノを世に問うことができる人こそが本物の「学者」なのである。それだけに、認識とは何かを学ぶ場合に、私の説くこの講義はとても難しいだけに、どうかあきらめないで読み進めていってほしい。

第三節　認識学とは何か、その三大柱を説く

「認識に関わっての『論』と『学』の区別はオボロゲながらも分かったような気がするのだけれど……」と次第に「思って」きた読者諸氏もいるであろう。その「思い」に対する答えは以下となる。すなわち、「本来のあるべき認識の『論』ではない、認識『学』としての姿や形はどうなってくるのだろうか……」というものである。

これは、学問という水準の認識論、つまり、本物の学問としての認識学の姿や形を見せてほしいということになろうか、と思う。そこで、学問といえる水準となる認識学の姿や形を、私の論文をやさしく組み合わせながら、ここで諸氏にお目にかけよう。

「認識学とは、読んで字のごとくに認識を問う学問であり、それも部分的にではなく、認識に関わるすべてを説く学問である。認識とは端的には、人間の頭脳活動のことであり、簡単には、アタマの働きとココロの働きである。アタマの働きは、諸氏の学校での勉強の難しい形を考えてもらいたい。ココロの働きとは、『ココロこそココロ転がすココロなれ、ココロにココロ、ココ

ロしていよ』との古言にあるような、そんなココロの働き、つまり、遊びたい、食べたい、暴走したい、殺したいなどの、日常生活にココロがっている普通の問題とか、ココロが歪んで起きるヒステリーや精神分裂などの精神病の問題とか、社会生活レベルでの善や悪などの道徳の問題とかの、いろいろなココロの蠢きである。認識学とは、これらの社会的・家庭的・個人的な認識の過去かつ現在、そして未来を学的レベルで問うて論じること、すなわち体系的レベルで認識のすべてを学的に論じきるものである」

端的には、認識学とは人間の頭脳活動である認識を、歴史的・具体的に探究して、それらを論理化し、理論として学的に体系づけて出来上がるものである。

これは大きく分けると、三つの部門となる。

一つは、人間はどのようにして発展してきて現在の人間になったのかを、認識の歴史的発展から捉え返して、人類の認識としての発展過程の論理構造を説くこと。

二つは、人間は一般的にどのような認識の発展過程を持っているのか、そして、どのような発展過程を辿らせたらよいのかの論理構造を説くこと。

三つは、人間の認識の一般的発展ではなく、個としての人間の認識の生生・生成の発展過程の論理構造を説くこと。

認識学は、大きくは以上の三つの柱となるが、このままでは諸氏には不親切なので、簡単ながら、以上の三つの柱についてやさしい解説を加えておこう。

一番目は、結論からいえば、これは現在、文化史として存在するものの学的レベルにおける論理化である。分かりやすく、もっとレベルを下げて説けば、以下のようになる。

そもそも認識学の三大柱の一番目を説くとは、これは私達人間はどのように発展してきて人間となったのか、を認識から捉え返した人類の認識としての発展過程の論理構造を説くこと、である。これは大変に難しい言葉であるが、諸氏が世界歴史で考えればいささかのヒントにはなる。それは、世界史は国家の興亡の歴史として書かれてある。そしてその流れで国家が次第に発展して現代になる。そして大きくは、人類のあけぼのの、古代、中世、近世、現代となっているように、認識論も人類のあけぼのである、サルからヒトへ、そして人間への進化で認識の果たした役割、認識の発展の形態などを国家や政治、経済などに的を絞るのではなく、人類の文化一般の源泉である人間の頭脳活動、すなわち、その「認識」に的を絞ってその歴史的発展の流れを究明するものである。

これは文化史の流れ一般とはいっても、その文化の最高形態である学問、しかもその頂上を究めてきたところの哲学の、具体的・歴史的あり方の論理構造を究明把握することによって成立することになる。いわゆる哲学史や、事実レベルで時代の哲学を紹介していくことではなく、哲学の生生・生成発展の論理構造を人類の認識の頂上形態の発展として説くことになるものである。ここをなんとかできた人物が史上、ただヘーゲル一人のみという現実を、しっかり覚えておいてほしい。教材としては、ヘーゲル『哲学史』（宮本十蔵・太田直道訳、岩波書店）が基本書となり、同じくヘーゲル『歴史哲学』（武市健人訳、岩波書店）が、その要の構造論的展開となる。

上記二著はとても難しい内容なので、紹介するのにためらいがあるが、現在これ以外のものは全く駄本なので、やむを得ない。

二番目は、社会的個人としての人間は、個人としてはともかく、一般的にはいかなる過程の認識を経て人間となってきているのか、そしてそれは何故（ナニユエ）か、またその認識は、本来どのような過程を経ていくべきなのか、を人間の歴史をふまえて、人間いかに生かすべきか（生くべきかの誤植ではない）、すなわち、教育させるべきか、の論理構造を説くことである。

ここを簡単に分かるには、保育園・幼稚園を含んだ日本の教育の流れを、その教材、特に教科書を一列に並べて見渡すことである。もちろんこれは、公の面だけなので、これですべての事実としてはいけない。しかしこれが二本目の柱たるものの流れ、すなわち大河であることは、「確か」である。簡単には、ここの論理を体系的に把握できれば、ここから生みだされるレジメが、教育の構造の一般論である教育学の大きな一つの柱となる。

三番目は、現代までの歴史上の精神医学・心理学の集大成を考えてみてほしい。それらを事実として集大成し、そこに横たわる、個としての認識の正常から異常、そして異常から精神病への過程の論理を、過程的構造として把握することが、まずは出発点である。端的にやさしくは、人間の認識の一部分であるココロの正常かつ異常の発達過程の論理を説くことである。

少々難しくなったが、具体レベルでやさしく説けば、人間の一般的・特殊的・個性的なアタマとココロに関する問題を個性的事象に大きく振って、そこを論理的に究めながら、体系的に理論化していくことである。たとえば、昔々にあったかつての事例でいえば、連続幼児殺害の「宮崎勤問題」や神戸の「少年A問題」などを、（1）人類の発展からと、（2）人間の発達過程からとをふまえて、（3）大きく彼ら、宮崎勤や少年Aの家庭環境での育ちから説くことであり、新宿バス放火事件の犯人等々のアタマとココロを解くことでもあり、金属バット両親殺害事件を解くことだと理解されれば、初心者としては優秀そのものである。ここの教材は、以下である。

『赤毛のアン』（モンゴメリ、新潮社）
『窓ぎわのトットちゃん』（黒柳徹子、講談社）
『狼に育てられた子』（シング、福村出版）
映画『奇跡の人』モノクロ版（アーサー・ペン監督）
『精神分析入門』（フロイト、新潮社）

『ガラスの仮面』（美内すずえ、白泉社）
『ライジング！』（藤田和子、原作・氷室冴子、小学館）

第四節　認識とは脳が描く映像である

ずいぶんと長い文章での難しい話が続いたと思う筈である。「続きすぎもいいところだ」との読者諸氏の声が聞こえてきそうである。それだけでなく「まだ続くのか」との声もありそうである。残念だが、まだまだ続きがある。しかし大きな論理の山、というより論理展開の山並みは越えたので、ここからは少しはやさしくできそうである。

ここまでは認識そのものではなく、認識の論や認識の学についての講義であった。こう述べると、「アレッ、『夢』はどうしたのか」と質問されそうである。もちろん、そこは忘れてはいない。この「論」といい、「学」といい、これらもしっかりと、「夢」に関わっているのであるから。「そんな!!」と声を荒げたい諸氏もいるであろう。再度述べる。これもしっかりと「〝夢〟哲学」講義なのである。より正確には、「〝夢〟哲学」に「関わる」講義であるが。

では、というところで再び諸氏に一つ質問をしてみよう。

「諸氏は『夢』の正体とやらを知っているであろうか」と。諸氏が知っているのであれば、先程のブーイングはおそらくはなし、したがって、多分によくは知らない筈だ、といってよい。

ここも繰り返し簡単に説けば、「夢」には二つの種類がある。

一つは、誰もが知っているし、経験もしているというあの夢、すなわち睡眠中の夢である。

二つは、起きている時に見る夢、すなわち白昼夢である。

この白日夢も実は二つある。

一つは、睡眠中の夢と性質が非常に似ている夢、起きていながら見ている夢である。これは自分が意図しないのに見る夢である。「アレッ、何でこんなことを考えているのだ？」とか「今の今まで私は何を思っていたんだ？」といった想いの類いのアノ夢である。

二つは、目的的に見る夢、つまり、諸氏のすべてが進んで見たがる夢である。そんな？　と思う方はあまりいないと思う。この進んでみたがる夢も度が過ぎると、「アイツは夢想家だ」とバカにされかねないし、少しも進んで夢を見ようとしないと、これまた逆に、「アイツにはアキレタヨ。人生に何一つ夢を持っていないのだから」と軽蔑されてしまう。こういった類いの夢である。

「そんなのが、どうして『論』とか、『学』に関係があるのだ？」と怪しむ諸氏もいそうである。全的な展開をするには、もう少し認識を説いてからでないと難しいので、ここでは少しだけ、といっても再びの答えとなるが……。

自分の人生を決定づけるものには、少年・少女時代にどんな夢を描くことができたかが、大きく関わってきているように、諸氏が現在実践している筈の「青春時代にどんな夢を見ているのか！」だけでも、人生が見事に花開くかどうかが左右されるのは知っていると思う。

ではその自分の描いてみている現在の夢が、どんなものであるのか、つまり夢の中身の実際を決めるのは、なんだと思うであろうか。

このように問われて、諸氏が思うのは、「それは私達が考えることによってサ」であろう。たしかにその通りである。たしかにその通りであるが、たとえば諸氏は、文章力とはどういうものかは知っていよう。その文章力とはたしかに文章を書く実力である。それと同様のことが、夢を見る実力としてもあるのだ、と知ったらどう思うであろうか。

これが、「論」とか「学」が夢に関わる端的な証明なのだ、と思ってほしい。この講義が終わる頃には、しっかり分かってきているであろう。夢に関わって、とりあえずは以上である。

ここから、「夢」の原点でもある、「認識とは何か」について少々説くことになる。

認識というのは、脳が自分の脳の中で描く諸々の「映像」のことをいう。ここで諸々の映像とは、対象である外界を脳に映しとった（反映した）モノと思ってほしい。どこでどう映しとるのかをもっと説けば、人間は、自分が生活している環境（外界）を、自分の感覚器官を用いて（通して）脳に映しとるのである。感覚器官は、諸氏も承知のように五つあるので、五感覚器官ともいうが、その五つの中でもっとも大きく作用するのが視覚といわれる目である。その目を中心として他の四つの感覚が総動員されて脳の中に外界が映しだされる。以上を簡単にして、認識とは外界の反映した映像であるという。

もう少し説けば、認識とは外界が五感覚器官を通して感覚されたモノが脳の中に描かれたある種の映像である、といってよい。したがって、認識（映像）は、〈一〉五感覚器官のそれぞれの器官としての実体そのものの実力と、〈二〉その器官の機能（働き）である感覚する実力と、〈三〉それを映しとる脳の実体の実力と、〈四〉脳が映しとったモノをどれ程の映像になしうるのかの実力の、四重の層の錯綜した総合的実力で決められる、ということになる。

少しつけ加えるなら、これらの四重の各層の実力を個別的、かつ並行的、かつ重層的、かつ総合的にどのように磨くべきかが、教育あるいは学習の問題でもあると、諸氏には分かってもらえるとよいのだが……。ここの教育あるいは学習の問題とて、先程の「論」や「学」同様に、「夢」の問題でもある、といったら諸氏は信じるであろうか。少し付加すれば、この認識の問題は単なる映像のレベルであっても、言葉、すなわち言語と切っても切れない関係にあるのだということも知っておくとよい。

第五節　南郷継正講義録「認識は五感情映像である」

さて、と一息ついたところで、繰り返しになるがもう一つ大事な「事」がある。それは、この認識＝映像の問題は、世界中でほとんど説かれたことはない！　という厳然たる事実である。たしかに、認識は映像であるとの言葉は、諸々の書物にないではないが、その言葉の実質的内容は「何もない」といった現実がある。「そんなバカな！」と思われる読者諸氏がいる筈である。でもこれは本当である。そのように断言できるのには、以下の理由がある。

この認識の内容、つまり、「映像の内実を含めての映像とは何なのか」を、その形成のプロセスとともに解いたのは、私の弟子たる海保静子が世界で初めて！　といってよい程だからである。これは今を去ること、半世紀近くも前の一九八〇年頃のことであった。この海保静子は、わが日本弁証法論理学研究会の中にある認識論ゼミナールの主幹（指導教官）であったが、海保が初めてここを説いて（講義して）くれた時、私は感嘆シキリ！　だったことを今でもはっきり覚えている。この見事な大発見たる出来事は、私の著書の一つである『武道講義　第一巻　武道と認識の理論Ⅰ』にも、しっかり認めてある。その約十年後の一九九一年四月に、この出来事を記念して私が講義した内容（いわゆる講義録）が、幸いにして残っているので、以下に引用したい。

幾つか質問が出ているけれども、「海保教官の『指導とは何か』という講義はどのような内容だったんでしょうか」という質問が、もっとも大事なので少々説いておきたい。

あれはもう十年も前のことになると思うが、わが流派の中枢部隊である飛翔隊の田熊隊長がまだ初段か弐段だった頃、東大生の岡上という五級の者を指導していたことがある。その時の、両者の認識の変化を映像の展開として、海保教官が解き明かしてみせたのが最初だった。これは指導者として描いた映像(認識)を被指導者がどういう風に頭の中に受け止めたかを、逐一、映像(認識)の具体性を持つ変化過程として捉えて、両者の相互浸透がどのように進んでいくかの過程性を見事に展開してみせたものだった。

世上、認識論について説いてある書物は多いけれども、「認識とは対象の頭脳における反映である」という言葉の意味するところを学的レベルで説いた学者は一人もいない。「認識は映像である」という文言まで説ける人はたしかにいる。しかし、映像たる認識とは一体何か、対象が反映するとはいかなることか、認識とはいかなる映像か、こういったことが具体的展開で説けた人間は一人もいない。

ところが海保は、「映像」というのはどういうものかということを史上初めて、武道空手の指導例として説いてみせた。これは世界中の誰もが説いていないことだった。おそらくこれを発表したら、世界中の認識論学者は腰を抜かすことになるだろう。

そろそろ彼女も次の論文で、そこのところの展開、すなわち「映像とは何か」について説き始めているので、本来ならばその論文を待った方がいいんだけれども、ここでも少しその問題について説いてみることにしたい。本当はそこは彼女のオリジナルなので私が説くのは気が引けるんだけれども、まあいいか。彼女は私の直接の弟子なんだから（これは現在『育児の認識学』として現代社から発刊されている）。

それでは「映像」とは何か。ここに東大進君（マンガの主人公）がいる。

彼が杉の木を見たとすると、頭の中に杉の木が反映されて映像が描かれる。ところでよく認識は言葉だ、という人がいる。「言葉で考える」という人間もいる。しかしこれは間違いで、我々は「映像で考える」というのが正しい。これ以前にも、人間はなぜ頭の中に映像を描くのか、という問題があるが、これについて説き始めると何時間もかかってしまうので、そこはカットしておく。

したがってここでは人間というのは頭の中に映像を描く、というところから出発する。ならば、その映像とはそもそも何か、といえば五感情映像である、ということになる。すなわち視覚だけではない。聴覚がそこに加わっているだけでもない。味覚、嗅覚、皮膚感覚、といった五感のすべてが動員されて「映像」が形成されている。そして杉の木を見たときに、その映像が頭の中に結ばれることを反映といい、この映像のことを認識という。

だからといって、認識論というのは、単純に「映像論」であるだけではない。それ以前に、映像とは何か、が解明されていなければならない。そこを世界で初めて解明したのが我々である。そのためには、物質の進化の百億年の歴史を辿り返さなければならない。こういうことをやらない限り、この問題は解けない。それをやったところが、日本弁証法論理学研究会の凄いところだ。

我々はまさにヘーゲルの高みにも迫ろうとしているけれども、すでに凌駕している点もある。たとえば認識論や弁証法に関してはヘーゲルの書と私の書の内容と、どちらがレベルが高いか、かつ詳しいか比べてみればよい。論理的な高みとしては、私の方が上位である筈だ。

さて認識が五感情映像であるというのは、対象を目を通して、鼻を通して、皮膚を通して分かる、ということであるが、しかしここをただ単に言葉を通して分かるというのではダメなのである。事実としてここを分からなければいけない。どういうことかというと、ここで描かれる映像というのは目を耳を口を鼻を皮膚を通してできたということではなく、このようにして脳に集められた感覚の合成映像であるということを分かることが肝心だからである。

たとえば、目をつぶってバラの花の臭いをかいでみると、嗅覚しか働いていないにもかかわらず、バラの花の形や皮膚感覚も感じている筈である。同じようにラベンダーやお酒の臭いをかいでも同じことが起きる筈である。あるいはその逆にその時に描かれる映像が、臭いの感覚としてはゼロであったとしても、やはり同様に五感覚の合成された映像になっている。つまり臭いを欠いた対象を反映しても、あくまでそこはその時の嗅覚も集められたものとしての「五感覚映像」になっているということである。

しかし、これのみを述べてしまうと、うっかりするとタダモノ論になってしまう。よって我々の弁証法的唯物論の立場からは、ここは「五感情映像である」ときちんと捉えなければならない。映像は五感覚器官で創られるのだから、ここは五感覚映像となるのが当たり前と思うのが普通なのだが、諸氏の中にはそれが五感情映像だ、といわれると「えーっ」ということになるかもしれない。「感覚器官を通しているのに、感覚映像ではなく感情映像とは一体どういうことだ？」と疑問が起きてくる筈だからである。しかしここは五感覚映像ではなく五感情映像である、というのが正しい。

そもそも映像というのは、ある実体があって、それを映しとったものである。それを映像と呼ぶ。杉の木の例でいえば目の前の杉の木を模写した映像であり、対象を映しとったものである。ならばカメラで連続撮影した写真とはどう違うのか、それとも同じなのかということが次に問題になる。

まず答えを出せば、もしも認識が感覚映像だとしたら違わないといってもそう間違いではないが、感情映像なら違うということになる。もしも動物だとしたら感覚映像でしかないから、猫なら猫としてすべて同じ反映となる。ところが人間には個性があるからけっして同じ反映にはならない。分かりやすくいうならば、「個性的感覚映像」のことを「五感情映像」という。

ここを少し説明してみよう。

たとえば杉花粉症に冒されている人は、自分は杉花粉症であるという感情で杉の木を見るから、とたんにクシャミが出るということにもなる。ところが本当は杉の木であっても、それを樫の木と勘違いしてしまえばクシャミが出ることにはならない。逆に杉の木ではなくても、それを杉の木として反映してしまえばクシャミが頻発することにもなろう。

これは自分が自分に騙されているからだ。これからでも分からなければならないように、現在、杉花粉症と呼ばれているものは、大半が心から生じてくる病である。つまりその人の心的状態が花粉症であるからこそ、本当に花粉症になってしまっているということだ。したがって花粉症のほとんどは、この心から生じての病であるということになる。

このように杉の木を見た時も、ただ単に杉の木を見るのではなく自分の感情で杉の木を見る。杉の木のそのままではなく、自分の頭の中に出きあがっている杉の木の映像でもって、その人の感情で対象に問いかけている。だから大志を抱いて杉の木に問いかけるのと、「あんな杉の木」と思って対象に問いかけるのとでは反映される映像が大きく違ってくる。私達人間はその人の感情で杉の木の映像が描かれる。それが感情映像ということである。

だからその人の「空手の突き」も、その人の「感情映像」として、「空手の突き」が出きあがっている。だからイヤイヤながら「空手の突き」をやるのと、大志を抱いて「空手の突き」をやるのとでは、「空手の突き」の出きあがり方が違ってくる。これが自分のココロと「空手の突き」との相互浸透であり、昨日の講義でコミュニケーション論が展開されたのをふまえれば、コミュニケーションだとなろう。これが自分のココロと「空手の突き」とのコミュニケーションであり、相互浸透ということである。

大志を持って杉の木に問いかけると、スラリとそびえたっており、大きく枝を張っていると反映する。ところが花粉症の人が問いかけると「クシャミが出て、鼻水が出て、目やにが出る」という形で反映してくる。一方、大志の象徴として見たとすると、「自分もあんなにすぐれた人物になりたい」と、杉の木と直接に天下を睥睨する認識になる。この場合も、けっして杉の木だけを直接に見ているわけではない。

この合宿で出されている食事を見ても、それは分かるだろう。けっしてただ「メシ」という形では反映してはいない筈である。たとえば、「ああ嫌いなものがあるな」「こんなものを食えば腹を下してしまう」であるとか、「こんなものを食わされるんだったら合宿にくるんじゃなかった」等々。あるいは「これを食わなきゃぶっとばされる」等々である。そういった反映をする筈である、大抵の人ならば……。これが「五感情映像」というモノである。

このように見てみると、対象を反映するということも、あくまでもタダモノ論的に見てはいけないということが分かるようになる。その構造としてはダイナミック性がある。それは反映する対象と自分のココロとの、自分の内部における関係性の流れとして反映する。

だから同じように駅に行ったとしても、単位を落っことして先生に頼みに行く場合と、今日彼女とのデートがあるという場合とは、認識が違う筈である。

単位を落っことした場合には、「三拝九拝して、先生を拝み倒さなければいかんなあ」という認識で電車に乗る。一方、彼女とデートする場合には、嬉しい気持ちになってアイスクリームをなめながら電車を待っているかもしれない。駅員がパチンパチンと切符を切る音もそれぞれ違った音として響いてくる。先生のところへ頼みに行くには、「どうなるだろう」という不安として響いてくる。デートの場合には「今日はどこに行こうかな」というウキウキした認識で反映する。

このように認識というのは、けっして単純な反映ではない。自分の感情で対象を反映する。そうしてこうやって自分のアタマが創られてくる。だから大志を持って「空手の突き」をやる場合と、いやいやる場合とでは、出きあがるものが全く違ってくる。

つまり認識というのは、単なる反映映像ではなく、五感情映像である。したがって、対象をまともに反映する程に、いうなればアタマの中に感情がたまっていくことになる。それが自分の個性としてたまっていく。だから落ちこんだ映像をためこむとどうなるか。自分の個性として落ちこみをますます創ってしまう。ならばどうしたらそのアタマが治るかというと、落ちこむことを止めればいい。そういうと、そんなことはできない、というかもしれない。

しかし本当はそれはできる。どうすればいいかというと、それを止めればいい。毎日毎日、自分がやっていることで私達人間は形成される。

そもそも私達人間が人間たる所以は、社会的個人でありながら個として育つという点にある。ところがどうしても私達人間は、社会を忘れてしまい個としての存在であると考えてしまいがちである。しかし本当は、社会的人間が個人なのであって、個人が社会的人間になるわけではない。だから個性が個性として尊重されるわけではない。個性は社会性を把持することによってのみ尊重される。

以上が講義の抜粋録である。いかがだったであろうか。

『武道講義　第一巻　武道と認識の理論Ⅰ』にも説いたが、この弟子の偉業に大きく触発された結果、数年たらずして、私の認識論は、認識学と公言できる程の発展を見るようになっていった。これはひとえに弟子である海保静子のお蔭である。その海保の著作が一九九九年にこの現代社から出版されたのが、『育児の認識学――こどものアタマとココロのはたらきをみつめて』であった。内容は「見事」の一言あるのみである。諸氏がもし手にとってみる機会があるならば、世界初という中身がどれ程のモノかを、内容がしっかり語ってくれるであろう。

第二章　実践に必要な「認識と言語の理論」

第一節　相手の立場にたつことの必要性と困難性

読者諸氏。第一章では、これから諸氏が認識論を学んでいくために、まず分かっておいてほしいことを諸々説いてきた。そもそも私達人間は、本能で生きている他のあらゆる動物と大きく違い、脳の働きの一つである認識によって生き、生活している存在である。

これを学的には、「人間は認識的実在である」という。すなわち、食べることも、眠ることも、運動することも、すべて本能に代わって認識が決めていくのが私達人間である。したがって、私達人間を対象として、私達人間に働きかけることを専門とする職業につく人は、認識に関わる理論である認識論を学び、その実力を身につけることなしにはまともに実践できないのである。もっと説くなら、そうでなければ実践してはならない分野だ、といいたいくらいなのである。

ところが、現実の私達人間を対象とする職業の教育現場では、たとえば看護の教育現場では、様々な手技や最先端の医学的知識が尊重されるか、あるいは「看護の心が大事だ」と説かれるだけで、学的な認識論に基づく教育、学習がほとんど行われていないのが現状である。だからこそ、看護学生達は悶々と悩んだ末に、様々な質問を私にしてくることにもなる。

それ故、そのような質問に、認識に関わるあらゆる問題を解き、認識論からさらには認識学を体系化できた私が答えていくことにしたのであり、そのために必要な認識論の基本中の基本である「認識とは何か」については、第一章で説いておいた。

諸氏はここでも、その内容をもう一度しっかり理解してほしい。そして、これから説いていく内容の、その解き方の背後にある認識論、すなわち認識の理論を学びとり、自分の専門の実践に本当に必要な実力を培っていってほしいと願っている。

それでは、私達人間を対象とする専門職にとって、もっとも基本となる、そしてもっとも重要な「相手の立場にたつ」とはどういうことか、から説いていくことにしたい。

看護学生から次のような悩みを折にふれて聞くことがある。

「看護を学ぶ中で、相手の立場にたつ、相手の心を知ることがとても大切だと言われ、そのことの大切さは自分でも分かる気がします。でも、ここが分かると思って現場に出てみると、相手を思いやることはあっても、相手の立場にたつとか、相手の心を知る！　ことはあまりなかったことに気づかされました。そして相手の立場にたとうとか、相手の心を知ろうとすると、それがどんなに難しいかを思い知らされました。それは一体どういうことでしょう、それは一体なぜなのでしょうか」

それを分かるには、次の「小説」の一部分がとても役にたつことになる。まず読んでみてほしい。そうすれば、諸氏の誰でも、それがどういうことかがきっと分かってくる筈である。そしてこの次に説くことになる、小説を読むことの大事さも、である。

ジルーシャは、だだっ広いこおりついた芝生と、孤児院の境界をしめす高い鉄柵のむこう、点々と別荘のつらなるゆるやかな丘の起伏やはだかの木々のまん中にそびえる村の教会の尖塔をじっと見つめた。

一日は終わった。――今日は上出来だったと彼女は思った。理事や委員たちはひと通りそこちを見てまわり、報告書を読み、お茶を飲み、さてまたあとひと月は、この小さなうるさいやっかい者たちのことを忘れてしまえるとばかりに、楽しい暖炉の待っているわが家へと急ぎはじめていた。孤児院の門を出て行く自動車や馬車の流れを、ジルーシャは体を前へのりだして、ものめずらしげに――しかもちょっと憧れるような悲しげな顔つきで――見おろしていた。

お供をつれたそういう馬車に乗って、丘の中腹にぽつんと建っている大きなお屋敷に帰って行く自分を、彼女は心の中で想像した。毛皮のコートを着て、羽根のふちかざりのついたビロード帽子をかぶって、馬車の座席にゆったりともたれて、気軽に「帰るわ」と御者に上品な低い声で言いつけて……けれど、家の戸口まで来ると、その空想はぼやけてしまった。

ジルーシャは想像力ってものをもっていた。気をつけないととんでもないことになりますよ、とミセス・リペットは言うのだが、そんな鋭い想像力も、玄関から先へは役にたたなかった。元気で大胆なジルーシャだったが、かわいそうにこれまで生きてきた17年のあいだ、まだ一度もふつうの家の中へ足をふみいれたことがなかったのだ。だから彼女は、みなしごたちなんかに悩まされずに生きている世間の人たちの、毎日の暮らしかたが想像もつかなかった。

（『あしながおじさん』ウェブスター著、谷川俊太郎訳、河出書房新社）

『あしながおじさん』だったら読んだことはある！　と諸氏の大半は思うであろう。だが、これを認識論の問題として読んだ人は、ほとんどいない筈である……。本題へ戻る。

この『あしながおじさん』を引用したのは、看護学生の悩みにあったように、相手の立場にたつと、相手の心を知ることが、どうして難しいのかを分かってもらうための手段であった。

諸氏も「えッ、心ってなんだったの？　相手の立場だと思えるのに、どうして自分勝手な、しかも自分の立場にたっているの？　私って!!」といつもいつもワケが分からなくなってしまうことが多かったのではないだろうか。しかし、『あしながおじさん』を読んだ人には、原因がようやく分かってきている筈である。たとえば次の文章がヒントとなる。

「気軽に『帰るわ』と御者に上品な低い声で言いつけて……けれど、家の戸口まで来ると、その空想はぼやけてしまった」「ジルーシャは想像力ってものをもっていた。気をつけないととんでもないことになりますよ、とミセス・リペットは言うのだが、そんな鋭い想像力も、玄関から先へは役にたたなかった」「まだ一度もふつうの家の中へ足をふみいれたことのなかった……彼女は……世間の人たちの、毎日の暮らしかたが想像もつかなかった」

どうであろうか、諸氏。ここをしっかりと読み直してみると、相手の立場にたつことの難しさが少しずつ、そしてしっかり分かってきて、最後には「そうだョな」となってくる筈である。あれやこれやと相手の心を考えてみても、というより考えれば考える程に、思いやれば思いやる程に、深く入りこめば入りこむ程に、相手の心がどうにもボヤけてくる筈だから……。

また、相手の立場にたつと一口にいっても、その相手なる人は様々である。

看護の場合であれば、その様々な相手は当然に様々な病を持ち、これまたあたりまえだが様々な病み方をして、それから様々なカタチで入院してくるのである。簡単に考えても、その様々をサマザマに想像しなければならないにもかかわらず、サマザマに想像する程に、サマザマはボヤけていくのみ！　なのである。

諸氏が、夜見た本当の夢を想いだそうとすると、自分の服装、靴、ネックレス、時計、道路、街並みは考える程にボヤけてくる筈である。その夢の中の諸氏は、気持ちだけは想い起こせるだろう。しかし、それ以外の夢の中の現実は、思う程に考える程に「不確か」になっていく筈である。こんな状態が相手の立場、相手の心なのである。

では、ここを「心理学」とやらは、どう知り、どう理解し、どう扱うのであろうか。

第二節　私達人間はなぜ相手の立場にたたなければならないのか

第二節では、私達人間を対象とする専門職の場合、相手の立場にたつことが大切であることを説き、それがとても困難である、ことを説いた。ここでは、なぜ相手の立場にたつことが大切なのか、なぜ相手の心を知ることが大切なのかを、看護の場合を例にあげて説いていきたい。

これは端的には、看護の相手が私達人間だからである。しかも、病んでいるのも私達人間だからである。看護とは、病んでいる人の病気が回復に向かうようにその人の生活過程を整えることであるが、病んでいる人というのは、その病んでいることだけでも心が病み始めるものである。もっと説けば、身体だけが病んでいる人でも、自分の病みを深刻に捉え始めるようになると、病んではいない筈の心（精神）までが病むことになりかねないということである。

したがって、「病は気から……」との諺通りに、気から、すなわち心（精神）からだけでも病になる人が数多くいることを分かることが必要である。だからこそ、病のことを「病気」ともいうのであったと分かるだろうか。

私達人間はこのように、心（精神）のあり方一つでも病になりかねない存在である。

それだけに、身体だけが病んでいる人を、看護の過程の中で気まで（心（精神）まで）病ませてはいけないのだ、と分からなければならない。これが、相手の立場にたつことの大切さの一つであり、相手の心＝精神を知ることの大切さの一つである。ここで「どうして？・」と思う方は、諸氏の中にはいない筈である。話を続けよう。

病んでいる人は「何か」で病んだ筈である。その何かは、必ずその人の生活の中にある。その何かを知るには、その人の生活の実態が分からなければならない。ここは看護する立場からではなく、相手の立場にたっての相手の生活の実態を分かることが、まず必要である。だから相手の立場にたつ必要が、ここにもあるのである。だがこれはたとえば生活経験の幼い看護師にはとても分かりづらいことである。しかし、ここは分からないではすまされないのが専門職というものである。相手の立場ではなく、普通の家というレベルでいえば、（前項で登場した）ジルーシャにはここが少しも分からなかった。これが「……けれど、家の戸口まで来ると、その空想はぼやけてしまった」（『あしながおじさん』）という文章の中身である。

以上のことを、少し別の角度から説いてみよう。

相手の立場にたてることは、どんな人にも大切なのは当然である。これは社会生活上の基本であり、常識そのものであるから。しかし、看護師の場合は少し実際の事情が違う、といってよい。しかも違うというより、もっともっと大切な大変な立場となるのである。というのは、通常の社会生活の場合は、相手のことは思いやりというレベルで相手の立場にたてればよいからである。

「この人は苦労して育ってきたのだなあ」であるとか、「家が貧乏だというのは、大変なことなんだなあ」「がんばっても力がつかないのは悲しいだろうなあ」などのように、相手の辛さや、苦しさや悲しみを分かってあげることができれば、まず大丈夫だからである。

では、看護師の場合の思いやりは、通常の生活での思いやりと、どう違うというのであろうか。どう違っていなければならないのであろうか。簡単にいえば、もっともっと深く思いやることができればよいのである。でも、これでは本当の答えにはならない。少し説いておこう。

先に説いたように、看護する場合の相手、つまり、思いやらなければならない相手というのは通常の生活ができている人ではない。相手は病んでいる人である。したがって、相手の立場にたつといっても、通常の生活をしっかりと行っている人の立場にたつのではなく、病んでいる（通常の生活がしっかりどころか、少しもできないでいる）人の立場にたつことが要求されている。

「なあんだ！　そんなことだったら誰だって分かっている。何を難しそうに説くのか」と思う諸氏がいるかもしれない。ここで、私からの質問である。

「では、どうしてジルーシャは自分の空想が家の戸口まで来ると、ぼやけてしまったのか。しかもこのジルーシャは、とてもとても頭のよい子だった筈なのに……」

ジルーシャが普通の家の戸口の所までしか空想が及ばなかった理由は「何」だったであろうか。それは「ジルーシャは普通の家の中に入ったことがなかった、そんな経験は一度もなかったから」である。ここまで説くと、少しは分かってくるであろう。

「ジルーシャは普通の家の中を知らない、だから普通の家の中へは空想であっても入っていけないわけだ。それと同じように、看護師も、もしかしたら普通の人の心は思いやることができたり、普通の人の立場にはたつことができても、普通ではない人の心を思いやるのは大変なのではないか。自分がまともな病気になって、大変な思いをした過去がないかぎり、病んでいる人の立場にたてるのはなかなかできないことかもしれない」ということである。

元気な人の立場にたつことは、そう困難ではない。それは、その人が元気であるだけに、それが心の問題となることが少ないからである。ところがその元気な人といっても、突然に失恋したり、友人に去られたり、身内に不幸があったりすれば、そこをいくら思いやったつもりでも、「あなたなんかには私の辛さは分からないわョ」と叫ばんばかりに反論されかねないであろう。

看護の場での相手は、諸々の不幸を内に持って入院している人が多くいる。

それだけに、単に病んでいるだけでなく、「不幸とともに病んでいる」のであるから、病みが単なる病みにとどまってはくれない。したがって、説いたように、身体の病みが心の病みともなっていく可能性がとても大きいのである。

看護の場面で相手の立場にたつとは、このような身体の病みが心の病みにもなっていく人の立場にたつのだということを、まずしっかり分かってほしい。

これでも「なあんだ！　そんなこと」となるのであろうか。であるとすれば、もう一言加えておくことにしよう。

病んでいる人というのは、これは病人という対象を、ただ病むというたった一つの共通の性質で捉えただけであるから、つまり、病むという一般性で把捉しただけであるから、これだけでは到底相手の立場にはたてるワケがない、のである。

なぜならと説明するまでもなく、たとえばある病院の中を見ただけでも、「いろいろな病人がいるなあ」と感嘆しかねないであろう。そしてそのいろいろな病人を見ていくと、赤ん坊あり、幼児あり、小学生あり、中学生あり、高校生あり、大学生あり、浪人生あり、大企業の社員あり、中小企業の社員あり、弁当屋さんあり、母親あり、失業者あり、学校の先生あり、警察官あり、技術者あり、保育士さんあり、看護師さんあり、とあって、病気の種類もさることながら、病人の生活の違いですらも当然に無数である。

ましてこれに、生活のレベルの違い、社会的地位の違いまで見ていけば、気が遠くなる筈である。「どうして？」となる筈はなかろう。

これらの無限・無数の病んでいる人のそれぞれが、自分のそれぞれ、かつ、それなりにの立場を持っているだけでなく、それが朝・昼・夜のそれぞれに変化しているのであるから。

それ故、看護の場面では生命に関わっているその無限・無数のそれぞれの相手の立場に、それぞれのレベルでそれに応じてたつことが真面目に要求されるのが日常であるから。

こういった病む人のそれぞれの相手に見合った思いやりが相手のレベルでできてこそ、ようやく看護レベルでの思いやりとなるのである。

第三節　観念的二重化の実力を養うには

以上のように、相手の立場にたつことができるということは、看護を専門とする人だけでなく、医師や保育士、教師といった、人間を対象とする専門職のすべての人に要求されることである。しかし、看護学にしても医学にしても教育学にしても、そのようなことをていねい、かつ個別例で、一つ一つ教えてくれる講座はまずないので、「では、そのようなことを分かるためには心理学を学ぶべきだろうか」との思いになるかもしれない。

ここを分かってもらうのは、そう簡単ではない。答えるのが難しいのでは「ない」。ここの答え方が難しいというか、答えるとかえって難しくなってしまうのを恐れるからである。だが、答えるしかないであろう。

では、相手の立場に見合った思いやりが、相手のレベルでできるようになるためには、「心理学を学ぶべきだろうか」という思いに答えていこう。

これに対しての答えは否である。つまりダメである。なぜダメなのかといえば、心理学というものは看護の高度な実践のレベルの場面では、ほとんど役にたたないからである。

理由を端的にいえば以下である。日本の大学の心理学科では、例をあげれば家族を亡くした子どもの心理学とか、失恋し続けた少女の心理学とか、夫と妻の別れの心理学とかのやさしい問題は扱うことはできると思う。だが、である。現実の病室で病む人に直接に関わってくるこれらの心理学を教えられる大学の先生は、まずいないと思うからである。

では何を教えてくれるのかとの疑問が湧くであろう。

簡単にいえば、それは当人たちが諸外国のテキストで学んできたものを土台にして、適当に日本的にアレンジしたり、あるいは切り貼りしたりしながら教えているといった程度である。一例をあげると、ジェームスの心理学ではこうであり、ランゲではああである。しかし、現代では、もっと諸々の要素を組みいれて説くことにしている、といったような具合にである。

はっきりいって、まずは「日本人の心が外国人の心」を学んでどう分かるというのであろうか、が問題である。それに、心というものがなんであるのかも先生方は御存じないし！　まして、それを分かる方法も勉強されてはいない（失礼！）現実だからである。

いずれ、日本の大学の諸々の心理学講座を並べて一つ一つ説いてみたいとは思うが、ここでは「学的レベルではダメ！」とだけ覚えておいてほしい。では、実践の場で相手の立場にきちんとたてるようになりたいと思う人は、どうすればよいのであろうか。「何」に学べば相手の立場にたつことのできる実践ができるようになるのであろうか。

ここを、看護を例に少し説いてみよう。実は病む人の心や気持ちというものは、看護の実践において現実の病むその人と関わることによってだけ、少しまた少しと、次第に大きく分かっていくことができるのである。しかし、そのためには必要なことがある。

それは、看護とは何かの全体映像をまず分かって、その全体映像が体系化できるべく、しっかり分かっていくことである。「看護とは何か」の全体映像を分からないままに看護の具体を知ることはできても、そこから先を分かることはできない。ここをやさしい例で説けば、洋装か和装かが決まらなければ、靴か下駄かが決められないようなことだからである。看護とは何かが分かってこそ、相手の立場にたつことの具体が分かってくるのである。

そしてそのためには、その「看護とは何か」の全体映像がしっかり描けるための学びが必要であり、次いで体系性の映像の理解へ……となっていくべきなのだが、看護教育においてそのような教育があまりなされていないのである。「それはどういうことですか」と反問される筈である。

当初に説いたように、看護の対象は病む人である。病む人というのは、元々は元気な人であった。つまり、普通に生活できていた人である。その元気な普通の人が病んだのである。したがって病む人の心を分かる必要があるわけだが、（何回も説くが）病む前は元気で、普通の生活ができていたのである。つまり、生活のできた元気な身体や心が、生活のできない病んだ身体や心になってしまったのである。それだけに、元気な身体の時の元気な心を知ることなしには、病んだ身体の元気な心とか、病んだ身体で病んだ心の状態は分からないのだと、ここは理屈ででも分かるべきなのである。

変な例かもしれないが、億万長者が貧乏になるのと、普通の人が貧乏になるのとでは、心の変化が全く違うことで分かってほしい。普通の人であれば五百万円の現金が手元に残っていたら、貧乏だとはなかなか思えないが、お金持ちは結果として、実際に五百万円の現金だけが残ることになったとしたら「お金がなくなった」として死にたくなる筈である。

このように病む人の立場にしっかりとたてるには、この例のように、その人の元の立場がしっかりと分かっていることがとても大切な条件となる。このあたりでそろそろ理解してほしいのであるが、「看護とは何か」の全体映像をしっかり描けるためには、通常の私達人間の全体映像が描けている必要がある！　ということなのである。簡単にいえば、「私達人間とは何か」が分かっている必要がある！　ということである。そのための学びが大切である、と説いているのである。

このためには、社会と歴史の学びが大事である。「やりました！　中学と高校で」との返事がありそうである。でも、少し違うのである。私達人間とは何かを分かるための社会と歴史の学びは、学校の教科書とか副読本とか参考書とかを合わせた程度では大きく不足するからである。

何が大きく不足するのかといえば時代の心、社会の心、人の心である。そのための学びは三つある。

一つは、歴史を題材とした時代小説である。日本の小説では、『大仏開眼』（長田秀雄、角川書店）とか『新・平家物語』（吉川英治著、講談社）とか『大菩薩峠』（中里介山、角川書店）とかのような、時代が大きく主人公になっている小説である。

二つは、人間の心を主題にして、なんとも細やかに、奥深く説いている小説である。舟橋聖一や丹羽文雄や夏目漱石等々の小説である。

三つは、社会派とされている推理小説、松本清張や高木彬光や森村誠一などの著作である。外国モノでもよいのであるが、日本の病院の患者はほとんどが日本人だと思うので……。

こういった小説にしっかり、時代の心とか社会の心とか人の心といったモノを学び続けて力を養う努力を重ねてこそ、相手の立場にたてる自分の心が出きあがってくるのである。もちろんこれは、看護を専門とする人ばかりでなく、医師や教育者といった、私達人間を対象とするあらゆる専門職の人々に必要であることは、いうまでもない。

もし、諸氏の中に『弁証法はどういう科学か』（三浦つとむ著、講談社）を読んだ方がいれば、「ああ、観念的二重化とか世界の二重化のことを長々と説いているなあ」と思われたことであろう。その通り！　である。

相手の立場にたつとは、学的には観念的二重化そのものであるし、病院とか、看護とかの全体映像が描けるとは、世界の二重化の具体映像が直接的に描けることが可能な力を持っている、ということと等々であるから。以上のような学びの積み重ねがあって、通常の人の心への二重化＝観念的二重化が可能になってくる。この力がついてこそ、看護であれば、本物の看護が必要とする病む人の心へ二重化できる下地が可能となるのである。当初の言葉を使えば、相手の立場にたてる＝相手の心を知ることができていくのである。

先に例示したように、病院の中は様々な患者がいる。赤ん坊から老人までいろいろな人がいる。その様々な病人は様々な病み方をして入院しているのである。もっといえば、個性的に病んで個性的に入院してきている。しかし、日常生活では個性的に生活して、その中で病むことは可能であっても、病院の中では個性的に生活をすることや、個性的に病みを深めることなどは当然に制限されるだけに、全くの不自由な生活を強いられてくる感覚がどうにも！　となってしまうことになろう。

簡単には、起床時間、起床の仕方、室内での歩き方、食事の仕方、会話の仕方など、すべてが病室の雰囲気をこわさないように、病気が悪くならないように制限される。当然に、個性的な人ほど病院の中では厳しさを感じとることになる。当然ながらここに社会的な心と個性的な心との葛藤が起き、自分で自分を処理できない患者がモメ事の主人公となって登場してくることになるのである。

こういった事実の一つ一つに看護者の立場から、しっかりと目を配れるかどうかが、また観念的二重化の実力、すなわち、相手の立場にたって考えられる力を育ててきた人と、そうでない人との看護力の差として現実化することになるのである。これは大切な能力だが、ここを養成するのには大変な努力が要求される。

こういった看護力の中身の充実のためにこそ、単なる医師の手足であればよかった時代の看護の中身が反省されて、准看から高看、そして短大やがて大学へと学校のレベルを向上させる制度の改革の必要があったのだ、としっかり分かることが大事なのである。

看護師を育てる大学教育とは専門家を直接に養成するためではなく、私達人間としての看護ができる人材の育成にこそあるのだ、と大学生としての誇りを持てるような勉学を行うべきであると思う。

そうでなければ、准看護学校や高等看護学院と「何が違う！　実力は反って大学の方が駄目なのでは!?」といわれても、反論一つできない現実を「大学看護学科の学生」が迎えてしまいかねないとの不安を私としては大きく抱いてしまうのである。

第四節　コミュニケーションとは何か

前節では、私達人間を対象とする専門職の人達の学びには、時代の心、社会の心、人の心の三重性の学びが必要であると説いたところまでであった。

さて読者諸氏。私達人間を対象とする専門職の人達が、次にしっかり学んでおかなければならないことがある。それはコミュニケーションの大切さである。そもそもコミュニケーションとは何かといえば、端的には「ことばや文字、身ぶりなどを使って、考えや気持ちを通じあうこと」（『新明解国語辞典』第二版、三省堂）である。

この辞書にもある通り、コミュニケーションとは互いの心と心を分かりあうことであり、看護の場面に限定すれば、病んでいる人の心を心から分かってやれる、病人の気持ちに二重化できる、ということである。相手の心、相手の気持ちが分かるためには、自分の心、自分の気持ちが相手の心、相手の気持ちとなんとなくであっても合致しなければならない。

これを哲学的には、相手の立場にたっての観念的二重化＝自分の観念の相手的観念化という。ここで観念とは、心とか精神とかの学問用語をいう。

したがって以上を簡単に説けば、自分の現在の心や気持ちとは別に独立的に、相手と同じ心を持てる、相手と同じ気持ちになれるということである。とまあ、言葉では簡単にいえるが、これはとても大変なことなのである。どのくらい大変なのかといえば、前節で説いた「時代の心、社会の心、人の心」を学ぶレベルでの困難さだからである。

というのは、その時代における社会一般の中の人の心というレベルで、心とか気持ちとかが分からなければ、学問レベルでのコミュニケーションは到底できない！　ということだからである。

ここを諸氏に分かる例で説けば、カントやヘーゲルといった大哲学者の言葉は普通の大人には分からない！　ということである。逆にいえば、普通の大人には、哲学というレベルでのコミュニケーションはカントやヘーゲル相手では到底不可能である。

もっといえば、普通の大人にとって、カントやヘーゲルといった大哲学者と学問レベルで「哲学のお話」をするのは到底無理である、つまり哲学レベルでの「対話」、すなわちコミュニケーションは不可能である、ということである。

本当ならやさしいヘーゲル言語である「絶対精神の自己運動」とか、「私の弁証法で哲学的問答は不要になった」、カントの用語で「モノの本質は無である」とか、「二律背反は世界の法則である」等々は、精神の失心を起こしかねないレベルである。もっと分かりやすい例をあげると、1とか2とかの数字しか知らない人と数学者との会話は学問レベルではなりたたない、コミュニケーションは不可能だ、ということである。

では、コミュニケーションの学びとは具体的には、どうすることなのであろうか。もっと説くならば、どうすればコミュニケーションの「過程」が分かるのであろうか。

まずここでも、看護の場面について考えてみよう。通常看護師は、「看護は人と人とのコミュニケーションが大切であり、自分の思い、考えを相手に伝え、相手の思い、考えを受けとるということは言語を中心とする表現を介して行われると思うが、それがどのようになされるのかの過程を知りたい」と思うかもしれない。

これはもっともなことである。だが、看護という場面では少し順序が違うことを、まず分かることが大事である。何かというと、これではまず第一に看護師の思いや考えがあって、次に病人たる相手が出てくるのであるが、看護では、病んでいる人の思いや考えがあって、それが看護師の思いや考えに関わってくるようになることが大切なのである。

「どうしてですか」という反問がでそうである。これは次のようなことである。

入院したばかりの病んでいる人がいるとする。とても不安な筈である。

そこへ突然に看護する人がやってきて、自分の思いや気持ちのままに、あるいはそれを中心に据えて、その病んでいる人へ次々と質問をぶつけたとする。さて、病んでいる人の心、気持ちはどうなるのであろうか、ということである。入退院を繰り返している病人ならばいざ知らず、通常はモロモロの心、モロモロの気持ちになる。そのモロモロの心、モロモロの気持ちを、では看護する人に伝えられるであろうか、ということである。

諸氏はいかがであろうか。心やさしい方や気の弱い人であれば、当然にモロモロの気持ちの中から、看護する人の気持ちに見合った気持ちを取りだして返事をするであろう。つまり、自分の気持ちを伝えるのではなく、「相手によく思われたい、イジワルをされたくない」との心で相手の気持ちに二重化して答えてしまいかねない。これでは病んでいる人の心や気持ちは分からない。したがって、まずは、病んでいる人の思いや考えを受けとることが大事だと説いたのである。

すなわち、コミュニケーションの過程とは、たしかに心の伝えあい、気持ちの分かりあいの過程なのであるが、そのコミュニケーションの相手・立場によって、過程はモロモロに変化するし、させなければならないということである。

端的には、過程は一つではない、というより、相手によっては、一つが三つになり、あるいは別の相手では一つの繰り返しが大事になり、また、ある病人に対してはダンマリすらがコミュニケーションの一つの過程でもある、という変化を持つものなのである。

　では、そういったコミュニケーションの過程というものはどう学べばよいのか、という質問になりそうである。これに関わっての答えは、前節と同じようになる。まずは、時代の心、社会の心、人の心が分かるようになることである。そのためには、それぞれにふさわしい、しっかりとした小説・作品を読み続けることである。

　では、そういった過程の学びをすれば、コミュニケーションはしっかり可能なのですね、と念を押したい諸氏もあるであろう。

　残念ながら答えは否、ダメなのである。「どうして?」と悲鳴があがりそうである。それに対する答えは以下のようになる。まず、「言葉とは何なのか」、すなわち、「そもそも言語とは、何モノであるのか」の問いから始める必要がある、すなわち、この問いなしには簡単に答えは出ないのだ、ということである。

第五節　そもそも言語とは何か

　読者諸氏は、「言葉あるいは言語とは何か」と聞いても少しの疑問も湧いてこないと思われる。なにしろ言葉なるものは生まれてこの方、ずっとずっと、いつもいつもお世話になっているし、使っているのがアタリマエの状態であるから。

　それでもあらたまって「言葉とは何か、言語とは何か」の問いを自分の胸の内に聞いてみよう。

答えは出たであろうか。出てこない筈である。これは「自分とは何？」「私って何モノ？」と問うた時の答えくらいに難しいモノであるから。

だが、それにしてもなぜ答えが出てこないのであろうか。

一つには、過去に一度も学的・理論的には、自分に「自分とは何か」を問うたことがないからであるし、二つには、自分の人生にはその理論的必要がほとんどなかったからである。

しかし、ここではなにがなんでも「言葉とは、言語とはナニモノ！」を問わなければならない。なにしろ、コミュニケーションとは、なによりもまず言葉を介して行うモノであるから、その「言葉とは何か、言語とは何か」がアイマイのままでは、諸氏がいくらコミュニケーションの「過程」を学びたいと思っても、どうにもならないからである。

恩師であった三浦つとむの著作の中には、その言語の専門書『認識と言語の理論　第一部』（勁草書房）なるものがある。少し長くなるが、大事なところを引用しよう。

ちょっと見ると言語は自明な平凡なもののように思えるが、さて分析を始めると、複雑な曲りくねった構造を隠し持った、手の付けられぬ存在だということを思い知らされる。（中略）

この言語の謎を解きほぐして理論を建設するには、具体的な言語現象を集め整理しながらその背後の構造を探っていく仕事ももちろん必要であるが、逆に大きな観点から言語の本質は何かを考え、仮説を立てて実証的に具体化していく仕事も怠ってはなるまい。（中略）

我々が言語を始め様々の表現を創り出すのは、他の人間と精神的な交通を行おうとしてである。精神を伝えるには物質的な模像を創る以上に方法がない……（中略）したがって、科学的な認識の理論を持たずに言語の理論的な解明を志すのは、真っ暗な道を手探りで前進しようとするようなものだ……（中略）
大哲学者ヘーゲルは、世界を出きあがった事物の複合体とする従来の見方をしりぞけて、過程の複合体として捉えようとした。……この捉え方を言語の理論的研究に通用すれば、認識の成立から表現にいたる過程的構造の解明に努力せよということになろう。

さて、「言語とは何か」への解答は、この引用文のすべてがプロローグとなる。つまりここをふまえて初めて答えが出せるのである。とはいっても、この著書の中身が直接・間接の答えとなるのではない。もしそうであるならば、「この書物をしっかり読みなさい！」で済むからである。

この引用文を一つの論文として、まとめあげることができれば、言葉＝言語のことはすべて分かることになるが、それではどうにもならないので、その中でもっとも大事なところを要約していえば、「言葉というものは、人間と人間との精神的な交通を行うタメである」ということと、「認識の成立から表現（言葉）に至る過程の解明が大事である」という二つである。

この二つの説明が分かれば、後は、時代の心、社会の心、人の心の作品の学びを始めていっても大丈夫であろう。

では、ここにある「人と人との精神的な交通を行う」と説く、私達人間とは一体何モノなのであろうか。ここのコミュニケーションの問題に限っての答えでいえば、「私達人間とは目的を持った認識ある実在（実存）である」となる。この説明は簡単である。

私達人間と動物の違いは〝何〟であろうか。それは本章の冒頭で軽く触れたように、動物が本能のままに行動するのに対して、私達人間は自らが創り出した目的的認識（精神とか心）で本能を超えて行動するといったところにある。この私達人間が動物と大きく区別される、私達人間としての本質である目的的認識を把持するようになって、私達人間は動物類から分かれて人類として発展し始めたのである。

これが、このことこそが個性を尊重しなさいといわれる、あの個性の誕生の源泉なのである。

動物は本能的実在（実存）なので、自然的に育っていれば、いわゆる個性というレベルの発達は当然にはない。個性があると主張している人は、個々の動物のそれぞれに現われてくるモロモロの形態の相違が、実は個々の動物の育ってくるそれぞれの環境の違いで創られてきた単なる本能の中身の違いでしかないものを、私達人間の個性になぞらえて、動物の個性と錯覚しているだけなのである。

そもそも個性とは、その人の、たとえば諸氏のそれぞれの、赤ん坊の頃からの認識が、その人なりの目的を集約、集中させて発達する流れの中で、その人なりの目的映像が不変的レベルにまで質的変化をとげたモノをいう。諸氏に分かりやすく例示すれば、諸氏の勉強だろうが、運動だろうが、趣味だろうが、食べ物だろうが、すべての「好き嫌い」が、そうなのである。

ここを生まれつきと説く人は、大抵は頭がよくない（失礼！）のである。そういった目的的認識が個性として花開いているのが、諸氏一人一人なのであるから、当然に諸氏一人一人はそれぞれの個性を把持して生活している筈である。このそれぞれの個性がそれぞれの（自分なりの）コミュニケーションをかわすワケなので、当然に互いはまず分かりあえない。

今でもそうなのだから、昔々も大昔であった何十万年以前のヒト（人類）は、コミュニケーションをどうしていたと思われるであろうか。

動物だった頃の人類（といっても当然にサル類である）は、まだほとんど認識が目的を持つこともなく、本能的認識で活動できていた。ところが偶然的な出来事（地球上の大変転）でサルは目的的な認識を誕生させ、これまた偶然にその認識が目的を持った分、それを育むことになったのである。

本能的認識の頃のサルは〝幸せ〟であった。なぜかといえば、認識は本能によって総括・統括され、本能によってそれなりに成長させられていくのだから、いわゆる「オチコボレ」や「登校拒否児」的サルの誕生はない！　に等しかったからである。

しかし地球上の変転につれて、サルの本能的認識は目的性を一つまた一つと発育・発達させることになり、やがて大きく目的的認識が主体を占めるようになって、人類のヒトとしてのアケボノの時代がやってくる。このアケボノの実存形態が、結果として（である！）労働の誕生をうながすことになっていった。

結果としての労働の誕生は、それが複雑化するにつれて重層的な労働へと発展していくと、それがやがて文化といえる程の労働を生みだすことになり、それ故それを育む必要に迫られ、世代レベルでの文化が遺産というレベルにまで達するようになると、それを次世代に伝えなければならなくなる程に発展してしまって、ここに教育の必然化が起きてくるようになり、それだけに、ここでそれを教えこむ必要が出てきたために、言語の誕生の原基形態（オオモトノカタチ）を見ることにもなってくるのである。いわゆる「コトバ」が発明されてくることになる。

端的には、身振り・手振りでは伝えきれない程の文化のレベル向上となり、つまり文化がレベルアップし、深化し、連続性を帯びさせる必要性にこれまた迫られるという実態が誕生してくるのである。次のことも端的に考えてみてほしい。今日、ただ今の出来事であれば、身振り・手振りでなんとか伝えられるであろう。しかし、余所（ヨソ）で知ったこととか昨年のこととかになれば、身振り・手振りでどう伝えられるであろうか。ましてや、直接何かを知った人類が、その何かを知らない他の人類にどう身振り・手振りで伝えることができる（可能）だろうか。

たとえば、気候の変化が作物にどう影響するのかとか、狩りでライオンをどう捕えるのかとか、その人なりの工夫した技や匠的なこと等々である。

ここで、ウッカリさん的な人に、一つだけ念を押しておきたいと思う。

それは、この頃この時代の人類の身振り・手振りを現代の手話レベルがあったと錯覚されないように、ということである。手話は、誕生させられた言語の応用・適用であって、言語そのものとして誕生したのではない！　のであるから。結論的には、言葉すなわち言語は、人類の労働の誕生を原点として誕生したのだ、ということである。すなわち、人類の文化の重層化を次世代に教育するため、あるいは、遺産として残す（伝える）程の文化の積み重ねを人類の労働が果たしたこと等々が、言葉・言語の誕生をうながしたのだということである。

以上が、「言葉というものは、人と人との精神的な交通を行うタメのものである」の簡単かつ端的な説明である。しかし、この言葉の誕生は文字で説ける程、簡単なことではなかった。なぜであろう？　ということで、二つ目の「認識の成立から表現（言葉）に至る過程の解明が大事である」に、論点は移っていくことになる。

第三章　私達人間の認識の生生・生成発展を説く

第一節　認識から言語への過程の解明が大事である

前節では「コミュニケーション」について分かるためには、言葉とは何か、言語とは何かが分からなくてはならない。そしてそのためには、「言葉＝言語というものは、人と人との精神的な交通を行うためのものである」ということと、「認識の成立から表現（言葉＝言語）に至る過程の解明が大事である」ということ、との二つが分からなければならない、として、前者を説いたところまでであった。本章からは、その続きの二つ目「認識の成立から表現（言葉＝言語）に至る過程」の講義となる。

読者諸氏。諸氏は認識とはそもそも〝何〟だと思うだろうか。諸氏は認識の実態を知っているであろうか。端的に説こう。認識はその原基形態（オオモトノカタチ）と、それが発展した形態との重層構造で構成されているが、そのいずれをとってみても、すべて映像なのである。つまり、実体としての認識はどこにも存在しない。いかなる認識も脳に反映したモノか、脳が創りだしたモノか、脳を使って認識が創ったモノかのいずれか、なのである。

ここで諸氏を困惑ないし混乱させる筈の言葉がいくつか登場している。たとえば、原基形態（オオモトノカタチ）とか、実体ではないとか、反映したとか、脳が創るとか、脳を使う認識とか、といった言葉である。ここはしっかり諸氏に説いておくべきことばかりである。だが、大変に哲学的であり、それだけに説明するには難しいコトばかりなので、ゆっくりと、ていねいに説いていきたい。

幸いなことに、そのために取り上げると分かりやすい質問が出ているので、その質問と合わせながら説いていきたい。質問とは、看護学生からのもので、端的には、『育児の認識学』の学び方について不明なことがあるので、そこを分かるように説いてもらえないか、という内容である。

その不明なこととは、『育児の認識学』を読んだ時は、「分かった」つもりなのに、それを自分の言葉にまとめようとしても、どうしても自分の言葉にできない、自分の言葉では書き表わせない、ということである。質問を読んでみよう。

〔質問〕子どもが育つ過程において、特に3歳までは母親によって育てられることが大切であると多くの人がいっており、私自身も母子関係の重要性を漠然とながらも感じています。そこで、母子関係、母子の愛着行動について知りたいと思い、文献をいくつか読んでみました。

その中で『育児の認識学――こどものアタマとココロのはたらきをみつめて』という著書

に出会い、学んでみました。そしてそこに説かれてあることを理解すると、それまで読んでもよく分からなかった多くの研究的事実があたりまえのことのようによく分かるようになりました。

しかし、『育児の認識学』を読むと分かったような気がするのですが、それを自分の言葉でまとめようとするととても難しく、分かっているのかどうかよく分からなくなってしまいました。他の研究論文とは何か違うものが展開されているような、他の研究的事実がすべて『育児の認識学』に説かれてあることで説ききることができるような思いが強くしており、ぜひとも分かりたい、自分のものにしたいと思うのですが、どのような学びをしたらよいのでしょうか。

この質問に答えるには、前節で説き残した「認識の成立から表現（言葉＝言語）に至る過程の解明」から始めなければならない。

言葉といい、言語といい、これらは同じモノ、同じ意味で使われる。

簡単に分かりやすいのは、言葉とは「人が自分の考えや気持ちを伝える手だてとしての、音声や文字」（『例解新国語辞典』第二版、三省堂）であり、また、別の説明では「意味を表わすため、口で言ったり字で書いたりしたもの」（『岩波国語辞典』第二版、岩波書店）でもある。

言葉も言語も意味は同じようなことであるが、言葉という文字が主に日常的用語であるのに対し、言語という文字は主に学的用語として使われるといった程度の違いはある。

　では、その言葉ないし言語と認識（映像）とはどういう関係にあるのであろうか。

第二節　私達人間の認識と動物の認識の違い

　この問いに答えるためには、第一章第四節で説いた認識についての「オサライ」をする必要がある。認識とは、端的には読者諸氏の頭の中で描いた映像であり描かれた映像である。分かりやすくいえば、諸氏が心の中で思ったこと、思うこと、思いだすことであるし、考えたこと、考えること、考えだすことでもある。

　だが、以上のように説かれても、諸氏の頭の中の映像はグルグル回るだけで、少しも鮮明な映像にはならない筈である。それだけに、ここは少しばかり回り道をする必要がある。

　まず、動物との対比からである。動物の頭の中にも認識すなわち、それなりの映像は存在する。でもこの認識＝映像は、私達人間の認識＝映像と大きく異なるところがある。

　それは何かといえば、動物の認識＝映像は、脳の大きな機能（ハタラキ）である本能の創りだすモノであって、その本能が創りだす認識＝映像以外のモノは創りだせない。分かりやすくいうと、猫は猫としての本能の命じるままの認識＝映像だけを生生かつ生成発展させるのみであり、羊や馬の認識＝映像を創りだすことはできないのである。したがって、猫は、どんなに頑張っても（?）猫にしか育たないし、猫にしかなれないし、猫としての運動しかできないのである。

これに対して、私達人間は大きく違っている。私達の認識＝映像は、生まれた瞬間こそ本能そのものにその認識＝映像は大きく左右されているが、それでも少しずつながらも見事な（⁉）違いを見せ始めていく。その違いはまず、産声からすでに始まっているのである。

加えて、可能であればぜひに猫と人の赤ん坊の違いを実際に経験してほしいと思う。そしてその上で、生まれてすぐに自分の力で母親のオッパイをしっかり吸うことができる猫の赤ん坊と、なにもできないでただ泣いてばかりの人の赤ん坊との違いはなんなのだろう……と考えてみてほしい。この違いにしっかりと着目できてこその育児があるのだと、分かってほしいのである。

私達人間は、動物としての本能を次第に失うような発展過程を経ていくことによって、サルからヒトへと進化し始め、そこから現在知っているレベルの私達人間として育ってきた。本能をなくしていくということは、生きることに関して、動物レベルで本能の命じるままに単に生きていくということができなくなっていく、ということでもある。猫は生まれて以来、ずっとノラ猫としてもしっかりと生きてきたが、私達人間は生まれたままの野生の状態では、簡単には、ノラ人間としては生きていくことはできないのである。

私達人間は、人間として生活できてこその人間なのであり、生活とは人として生きることを活かすことにほかならない。しかし私達人間は、個としての自分一人では私たる自分を生きることも活かすこともできないのである。私達人間は、本能が大きく失われていった分、人間として生きることも、私達自身を人間として活かすことも、一人ではけっしてできないのである。赤ん坊は生きることのすべてを、母親を始めとする社会の中で活かされているのである。それだけに私達人間は、社会の中でしっかりと生きていく（いける）ために社会から学び、しっかり自分を活かすために社会の中で生きていく努力を、初めから終わりまで続けることが必要なのである。そうした努力を払ってこそ、その社会の中でこそ、個性的に生活できる力が養われ、そこから自力で生きていく力がついてくるのである。

私達人間は、必ず社会的にのみ自分を生かし、活かすことが可能なのである。

もちろんこの生活の中で、衣・食・住を整えなければならないのは当然なのだが、それと合わせてしっかりと学んでいくことが大切なのは、次に説く社会的に生きる力を身につけることである。社会的に生きる力の中身のトップに、社会の法とか道徳とか習慣とかのシキタリに従う能力と、社会的に存在できるための認識（学力を始めとしての能力、実力）を養うことと、その認識を社会的に表(オモテ)に現わせる力、すなわち、社会に通じる言葉の実力を培うことである。

第三節　私達人間の認識は社会的に創られる

ここでは、認識の成立と表現の過程がメイン・テーマであるから、まず認識の成立について、簡単にオサライをしてみよう。

先に述べたように、動物の認識はほとんど本能によって生生・生成発展させられていく。したがって、当の動物の個々としての個性発揮の場面は、まずない。ところが私達人間は、認識は認識によって生生・生成発展させられるものであるから、本能がしっかり関与する場面ですら、認識によってその本能が制御されていくのである。

具体的に思いだしてほしい。

起床時間を始めとして、顔の洗い方、手のふき方、歩き方、トイレの使い方、食事の仕方、フトンの敷き方、シーツの延べ方、どれ一つとってみても、すべてその国家の、その社会の、そしてその地方に伝わる作法（認識）によって、私達人間は育てられかつ育ってきているのであるから。

私はそんな伝統じみた作法には絶対囚われていない！　と直感的に反論する読者諸氏も多くいると思う。だが、それらの「ワタシ」である諸氏にしっかり説いておく。それすらも、その「アナタ」の個性的と称する性格すらも、本能的では絶対にない社会的な認識によって育てられ、育ったのだということを、である。

このことについて一昔以上も前に、ある「小論」に以下のことを説いていた。

それでもあなたは自分独自の個性を主張するのであれば、社会的に創られた認識ではない！　と思うのであれば、社会的ではない「何か」を出してほしい。まず何も出せない筈で

ある。私達人間は、絶対に社会的に育っているだけに、個人で創ったモノなど何もない！何一つない！のであるから。たとえば、どうしても私は社会的に育ったのではない！と強調するのであれば、次の質問がある。

あなたは、ではまず繁華街を動物のようにハダカで平気で歩けるであろうか、まず歩けはしないであろう。では衣類をということで、ネマキ姿のままでその街の中で買い物などできるだろうか、それもできないであろう。それより社会的に育ったのではない野良人のあなたであれば、そもそも通常の家にはきちんと住めないであろう。包丁も持てないであろう。それ以前のこととして、言葉すらが分からないであろう。したがって会話ができないであろう。電話機も扱えないであろう。テレビのスイッチすらも分からないであろう。当然にメールだって送れないであろう……。

ところが、今のあなたはなぜこれらをきちんとできるのであろうか。答えは簡単である。これらはすべてあなたの認識が社会的に育てられており、かつそれを元に自身で社会的に育ってきたからこそ、しっかりとした作法（認識）が身についているのであり、だからこそ、通常の誰が見ても違和感のない生活ができているのである。こういった生活の原点をしっかりと創ってくれているのが、私達人間の社会関係としての認識なのである。

以上、私達人間は個性的に生活することが可能になるのにはまともな条件がある。それは社会的にしっかりした人間となっている社会関係が存在していることである。家庭の中でしっかり育てられ、そして育っていることがなににもましての条件なのである。

ここをないがしろにした場合の「私」は、通常の生活が当然に不可能になっている筈である。それはまず、何一つできないという現実、具体的にはオヤツがほしいとの言葉すら口から出てこない、つまり言葉を知らないという現実をしっかり持つことになるのだから。

以上の説明で、諸氏の個性的であって社会的ではないと思っている認識をも含めて、私達人間の認識は、すべて社会的であり、社会性を帯びているのだと分かってほしい。

端的には、私達人間の認識は、本能が創ったモノではなく、観念論的に説くなら、私達人間の住んでいる社会の社会的認識が社会性を持って、個々バラバラになろうとする私達人間の認識の創造を、常に社会的にしようと努力しているから、なのである。

第四節　私達人間の認識の生生・生成発展を説く

この認識は、ではどのように成立してきているのであろうか、を少し説いておこう。

それには、ここまでの説明の中にある「生生・生成発展」という言葉に注意してもらう必要がある。なぜかといえば、私達人間の認識は本能の総括・統括を離脱するようになって以来、常に変化・発展、すなわち運動するようになってきているからである。

『育児の認識学』を読んだ読者諸氏には常識であるが、私達人間の認識は、まず赤ん坊誕生時の即時性としての外界の反映像として脳に描かれ始める。この赤ん坊誕生時の認識は、その書物のカバーの裏面にかわいく描いてあるので、じっくりと鑑賞してほしい。

諸氏にこの絵で分かってほしいのは、本能レベルで描かれることのない私達人間の認識は、当初はこのように「何がなんだか分からないだけでなく、何がなんだか分からないことすら、分からない」モノとして誕生するのである。そしてこれが認識の原基形態（オオモトノカタチ）であって、この原基形態（オオモトノカタチ）が次第に鮮明なモノへと成長することになるのである。

ここを簡単に説明すると、第一章第四節の認識論の基本で説いたように、認識は私達人間の五つからなっている感覚器官（五感覚器官）を通して反映した私達人間の住んでいる生活環境として直接的に存在している外界が、赤ん坊の脳に映像として結ばれたモノである。これの最初の姿や形、すなわち原基形態（オオモトノカタチ）の一枚である図1が『育児の認識学』のカバー裏の絵である。

これは当然ながら、著者たる海保静子の手によるものである。

この私達人間の五感覚器官は、毎日毎日というより、時時刻刻というより、それこそ瞬時の暇（イトマ）もなく、つまり休むことなく（睡眠中といえども！　である）、全身全体でもって外界を反映させ続けているのである。そしてそれらは、すべて脳に映像（認識）として形成され続けるのである。ただ、これらの五感覚器官からの反映は、それこそ全く休むことなく！　である。したがっ

図1　赤ちゃんのはじめての認識

て、それに慣れてしまっている私達人間には、余程のことがないかぎり、自覚できることはない。これを自覚できるのは、当然ながら慣れ！　ていないものが反映した場合である。たとえば、釘を踏んで「痛い！」となった場合である。

このようにほとんど自覚されることのない、五感覚器官を通して反映され続けている外界が、次第に明確な映像を育んでいくようになり、やがてしっかりした認識（映像）として形成されていくのである。以上で分かってほしいことは次のことである。

すなわち、「反映が瞬時の休みもなく五感覚器官を通してなされるということは、映像が本当は同じ外界が次から次へと反映され続けることによるしっかりしたモノとなっていく過程と、外界が次から次へと移り変わっていくことによる新たな映像の形成との、二重三重の合成映像へと脳の中で成長していくことを意味している」のだ、ということである。

別の言葉でいえば、ある映像がそれ自体としてしっかり成長していく中で、次々と新たな映像の誕生があり続けるので、それもまた成長し続けることになり、そういった無限の成長と誕生の同一性的発展の流れで、映像の原基形態（オオモトノカタチ）的発展の流れを当初は小さく、やがてはその人のレベルによっては、大きくかつ激しくしていったり、変えていったりする時期が何回となくやってくることになるのである。

それは一体何かといえば、映像の明確な形成と映像に対する明確な反映とが融合していくと、次第にその映像とそれら映像の、外界への二重性の問いかけが始まる端緒となるからである。つまり、それまで単純な一般的な映像であり、単純な外界であったものが、次第にその映像の持ち主の性質を浸透させていくことになって、それがとてつもなく明確な日的を把持した問いかけへと、量質転化することになる時期がやってくる（始まる）からである。

その結果、認識（映像）はその人らしく、性格化し、やがては個性として他の人とはっきり区別できる程のレベルに成長していく、ということである。ここの論理をしっかりと見てとることによって、私は学的レベルで「認識の生生・生成発展」と概念づけることにしたのである。

次章では、脳へと反映した外界がどのような映像の形成へと発展してくるのか、を簡単にふまえた後に、それがどう言葉＝言語と関わってくるのか、また、関わらなければならないのか、を説くことになる。これを説くことによって「読んだ時には分かっていた筈」のモノが、「書こうとすると上手に書けない」のは一体なぜなのか、が少しは分かってくる筈である。

そしてこのことが、人間の文化生活を高めるのにどれ程大事なのかを知ってほしい。

その結果として現代社会に「哲学」という言葉がなぜ氾濫するのか、本当の哲学という言葉＝言語の意味は〝何〟なのかについて、なるべくやさしく説いてみたい。

第四章　認識から言語への過程を説く

第一節　無限の認識（アタマの中の映像）を一つの言語に集約する

読者諸氏。ここからは、これまでの「コミュニケーションとは何か」で説き残した部分と、「分かった筈のことがなぜ言葉にならないのか」の説き残した部分を、合わせて説くことになる。

今まで説いてきた内容を要約すれば、「コミュニケーションについて分かるためには、まず言語とは何かが分からなくてはならない、そして、そのためには、『言葉というものは、人と人との精神的な交通を行うタメである』ということと、『認識の成立から表現（言葉）に至る過程の解明が大事である』ということが分からなければならない」ということであった。

ここについては、三浦つとむの著書の大事な部分を引用して、このすべてがしっかり分かってこそ、質問に対しての解答になるとして説いたところまでであった。

もう一度、簡単な復習をしておこう。

「言葉というものは、人と人との精神的な交通を行うタメである」ということは、単に言葉を使うということを意味するものでない。それは心の交流のためなのであるから、心が言葉になっていなければならない。より説けば、心の中に思っていることが自分の心の表現になるような、言葉でなければならない。ところが、である。諸氏も承知のように、自分の心の中というものをのぞいて見ると、その心の中にはそれこそ無限というレベルでのいろいろなものが渦巻いている。

では、人と人との精神的な交通の一例を取りあげてみよう。

レストランで食事をとるとする。そこでウェイトレスが「何になさいますか」と聞いた時に、普段は自分が一番食べたいものを、なんのためらいもなくすらすらと口にできる人であっても、これが同じレストランでも、「お見合い」の席であると仮定して、そのお見合いの相手が「何になさいますか」と聞いた場合に、それこそいろいろな思い（映像）が渦巻いてくる筈である。

たとえばカレーライスを食べたいと思ったにしても、自分がカレーライスをお見合いの席で食べるのはどうなんだろうかとか、相手がどう思うのかなとか、カレーライスを食べたいといった場合に、相手がカレーライスを嫌いだったらどうしようかとか、単純に考えても以上のような思い（映像）が渦巻いてくる筈である。

そういったことを考え続けていたら、当然に相手の心の中は、これまた諸々の思い（映像）が渦巻くことになっていく。具体的には、なぜこの人は返事をしないんだろうかとか、この人が黙っているのは、私と一緒に食事をするのが嫌いなのかナとか、レストランだったからまずかったのかナとか、そもそもお見合いが嫌だったのかナとかの思い（映像）が、次第に膨らんでいく筈である。

このような無限ともいえる心の渦巻きの中から、その場での雰囲気を壊さないような言葉を私達は選ぶ必要があるワケだから、簡単にいえば、無限の自分の思い（映像）の渦巻きを、単純に一つに集約して、なんらかの言葉を通して時をおかずに表わさなければならない。しかし、これも社会的な訓練がなければ、その時その時の相手に合わせられるような心の集約は簡単にはできるワケがない。当然に互いにちぐはぐな言葉の羅列の出しあいとなっていきかねない。

それ故、言葉というものは、つまり人と人との精神的な交通を行うという中身は、文字で並べていく言葉のように単純ではない。それこそ前章で説いたように、その人の心の大本である外界の反映は、「オギャア」と生まれた瞬間からその人の五感覚器官を通して、瞬時の休みもなく続けられてきているワケだから、それをただ一方通行的に、自分が自分自身の中で反映させ続け、かつ成長させ続けただけでは、自分勝手な心の中の渦巻き、自分勝手な心の中での思い（映像）、その結果、自分勝手な発言すなわち言葉となっての社会関係におかれてしまいかねない。

第二節　言語は社会関係の中で教育される

それだけに私達人間は、生まれた瞬間から外界の反映を社会関係的な反映として行わなければならないが、これは当然にまずは母親の仕事なのである。これが母親の務めであり、仕事であり、子どもに対する大いなる躾、教育なのである。ここの場面を少し変えてみよう。

たとえば第二章で説いたように、ある病んだ人が入院したとしよう。

その時に、もし看護師が病院のそれぞれの病室のルールをきちんと分かっていて、きちんとそれを入院患者に説明した場合と、看護師が個性主義者、自由主義者であった場合、患者といえども人間なんだから、人格があるんだから、相手の自由を最大限に尊重しましょうとして、病院のルールをなんら患者に説明しなかったとすれば、その患者はそこがあたかも自分の家であるかのような心のままに、心に浮かぶ思いで入院生活を始めることであろう。そうなった場合、その病院の中ではどのような混乱が生じるかは、説明しなくても分かるであろう。

ところが、こういった病人が赤ん坊の時から勝手気ままに育てられているとしたならば、看護師がいくら口を酸っぱく説明しても、その病人の「わがまま」は少しも直らないであろう。なぜなら、その病人にとっては、そのように育てられてきているとするならば、それはけっして「わがまま」などではないからである。

というのは、「わがまま」というのは、社会関係の中で初めて「わがまま」とされるだけであるから。自分一人の生活の中ではそれらはすべて個性の発揮であり、自分の心のあり方なのであるから。つまり他人に迷惑がかかって初めて社会的に「わがまま」となるわけであるから。

以上で分かってこなければならないことは、言葉というものは、一人の生活の中ではなんら必要ではないということである。社会関係の中でのみ、言葉というものは有効性を発揮するのである。それだけに、私達人間は生まれた時から、その時々の、赤ん坊なら母親との社会関係の中で、幼児ならば同年代の幼児との社会関係の中で（この場合は特に保育園）、小学生ならば、学校の中と隣近所の友達関係の中といった社会関係の中で言葉を覚えさせ、社会関係の中で言葉を使わせ、その言葉を使うことによって社会的なルールをココロとカラダ（精神と身体）の双方で覚えさせる作業を、つまり教育をしっかりと行っていく＝学習させる必要があるのである。

以上の説明が、「言葉というものは、人と人との精神的な交通を行う」ということの、すべての生活での底辺レベルでの中身である。

ここでわざわざ底辺レベルといった意味は、社会関係は体系的になっており、けっしてクラスレスとかボーダーレスとかいった現実は存在しないから！　である。

たとえば同じ病院でもＶＩＰの病人と大部屋の病人とでは、看護師の接し方が大きく違うのは想像できるであろう。同じ看護師関係でもこれとて同等でなく、総師長と平の看護師では、その地位上の関係から互いに相手への接し方が異なって当然であろう。この場合、クラスレスの言葉を用いたら、その病院での社会関係は成り立つであろうか、ということでもある。

私達人間はみな、基本的人権以外は平等ではないのである。特に精神生活では絶対に同じとはいかない。学問を修めた人と、そうでない人が同じ言葉を使っても、まず同じではない。

これは、宗教の「悟り」と武道の「悟り」が違う次元の魂の問題であり、あるいはヘーゲルやカントの用いる「哲学」と、政治家や経営者といった人の使う「哲学」とは同じ「哲学」という文字でも、前者は学問の「哲学」であり、後者は自分の政治思想や経営論レベルの人生観の表現でしかないのと同じレベルのことである。

それだけに、たとえば看護を職業にと志す人は、病む人にいかなる職業のレベルの高低があっても、いかなる知的レベルの病人がいても、それ相当に対応できる、つまり言葉を社会関係におくことができる実力を養成すべき！　なのである。風土に溶けこんだ民宿のおかみさんの「お客サン」への対応と、一流のシティホテルのホテルマンの「お客」への対応とが、同じレベルであってよいわけがないのと同様のことであるから。

第三節　「分かる」ことと「言葉にする」こととは別である

これまでは、看護学生の質問に答えるとして、「言葉というものは、人と人との精神的な交通を行うタメである」という中身を説いてきた。

その流れを受けて、ここからは認識論の中でとても大切な柱といってよい、「分かった筈のことがなぜ言葉にならないのか」について説いていきたい。

質問者である看護学生（Aさんとしよう）は、『育児の認識学』を読んで、「よく分かった」と思ったものの、その中身を自分の言葉で表現しようとすると「分かっているのかどうかよく分からなくなった」のは、なぜなのかを問うている。読者諸氏も、このような経験は何度となくある筈である。これはどうしてであろうか。

端的には、これは「分かる」ことと、それを「言葉にする」ことは別の問題だからである。ここが、三浦つとむの言葉として引用した、「認識の成立から表現に至る過程的構造の解明に努力せよ」の中身でもある。

このように説くと、諸氏の中には次のような質問をしたい人がいる筈である。

それは、「看護学生のAさんの『よく分かった』と思ったものの、その中身を自分の言葉で表現しようとすると、『分かっているのかどうかよく分からない』が、『分かる』ことと、それを『言葉にする』ことの違いだということは『分かる』気がする。でも、それがどうして、『認識の成立から表現に至る過程的構造の解明』という、難しい話になるのだろう」というものである。

たしかに難しい話である。少し説明しよう。

ではまず、「分かる」とはどういうことであろうか。看護学生Aさんへの端的な答えとしては、自分の頭の中の思い（映像）と、相手の頭の中の思い（映像）が一致した場合、これが「分かる」＝「分かった」という言葉の中身である。しかし、こう答えただけでは、Aさんからまた次の質問が出るであろう。「その頭の中の思い（映像）とは何ですか」と。こうなっていったのでは、キリがない。

そこで、先述の難しい言葉の登場となるのである。

自分のであれ、他人のであれ、頭の中の思い（映像）はすべて「認識」と哲学的には呼称するのである。では、認識とは思い（映像）なのですか、と問われるであろうが、そう単純なものではない、とまずは答えることになる。「では、認識とは一体何なのですか」との問いになると思う。

ここでようやく、認識は脳が対象を反映して創りだす映像のことをいう、と正解が出てくることになる。このように簡単に答えたが、ここはとても大切なところなので、再び説明しておこう。

認識とは映像のことをいうが、これには大きく分けて二つある。

映しだされたモノ（認識）と、創りだしたモノ（認識）である。映しだされたモノとは、自分の対象とした外界が自分の感覚器官を通して反映した場合の映像をいう。創りだしたモノとは、外界を映しだした映像、映しだされた映像を原基形態（オオモトノカタチ）（後で説く）として、それを元に自分が頭の中に描いたモノ（自分独自の映像）である。私達人間は、外界からおおよそ（近似的という）の姿や形をもらって、その姿や形を元にして、少しずつ、そして次第に大きく、その近似的な姿や形を自分のモノとしての姿や形（自分が描いた映像）に変化発展させていくのである。

ここを見てとって、「個性的な思いや考え」と世間的にはいうことになる。

たとえば、ある場面を反映させてできた映像（友人が街角に立っていたとしてそれを反映させた映像）、これが原形である。しかし、あなたが疑い深い性格（個性）だったとすると、そこから妄想がふくらんでいく。たとえば、「あれはもしかしたら私に内緒で私の恋人に逢うのかもしれない……」と……。こうして友情にひびが入り、惨劇が起きかねないことにもなる。

これは私のこの「〝夢〟哲学」講義をしっかり学んできた諸氏ならば、もうとっくに常識の筈である。先へ進もう。

認識は、脳が対象を反映したり、あるいはそれを元にして創りだしたりする映像だ、と分かったとして、「ではその映像と思いとはどんな関わりがあるのだろうか」となると、また話はとても難しくなるが、簡単には以下のように述べることになる。

認識は、対象が反映して脳に映しだされたモノ（映像）とまず思ってほしい。この場合、何回も何回も同じ対象を反映し続けると、いつのまにか、映しだされ続けたモノ（映像）が次第に鮮明になっていく。こうやって鮮明になったモノ（映像）は、自分が特に意識しなくても、あるいは意識すればする程に、脳が勝手に浮かべてしまうことになる。

これなども、いわゆる「思い（映像）」の一種である。たとえば、「一目ボレ」とか、たとえば自分の盗みがバレタのではないか、などの「不安」とか、である。こうなってしまった認識は、思いたくなくても思ってしまっている、簡単には、どうにもアタマから離れてくれないということにもなっていくのである。

第四節　認識＝映像の成立過程

問題は、看護学生であるAさんの「分かった」という思いが、どうして言葉にならないのか、ということである。これにはいろいろ考えられるが、このAさんの立場である看護学生という身になって考えてみよう。質問を読み返してみると、Aさんは母子関係の重要性を感じて、『育児の認識学』を読んだのであった。それも熱心に！　である。

こう説くと、「質問には『熱心に』とはどこにも書いてない」という反論があるかもしれない。だがAさんは「熱心に読んだのだ」と分かるのである。

「どうして、そういえるのですか」と問いたいであろう。答えよう。質問にはこの「論文に出会い、学んで……説かれてあることを理解すると、……よく分かるようになりました」とあるであろう。この文章から、Aさんが熱心に！　読んだのだと「分かる」筈である。

そして、熱心に読み続けたお蔭で、自分の分かりたかった母子関係の重要性が「分かった」Aさんは、まずはホッとし、そして嬉しかった筈である。ところが、その喜びの先に思わぬ難問が待ちうけていたのであった。もちろんその難問とは、「自分の言葉にできない」という恐怖である。

Aさんはびっくりした筈である。

「なんで⁉　どうして⁉　なんで私は言葉にならないの？　この論文をよく読んで、すっかり納得できたじゃない。よく分かった筈じゃない」こう思ったAさんは、またこの論文を読み返してみた筈である。「やっぱり分かっているじゃない、私は。しっかり理解できるじゃない。なのになんで⁉　どうして自分の言葉にまとまらないの？」。

この「分かった」筈の自分の頭の中のいわば出来事を、どうしても「言葉」にできない、という具体的な一連の流れを、学的ないしは理論的にいえば、「認識の成立から表現に至る過程的構造」となるのである。そしてここを学的・理論的に「解明に努力せよ」、と三浦つとむは説くのである。これでようやく、冒頭にある読者諸氏への答えが出てきたわけである。

そこで次は、Aさんの実例を説く形で、この難しい文章の具体的な説明となっていく。

説いてきたように、私達人間の認識（映像）は、外界からの反映として脳の中に映しだされたモノである。この映しだされたモノのことを認識＝映像と、唯物論哲学的にはいうことになる。したがって、ここをキッチリと学的・理論的に説けば、「認識の原基形態（オオモトノカタチ）は、対象である外界が五感覚器官を通して脳に反映した映像である」となるのである。

ここで原基形態（オオモトノカタチ）という大変難しい言葉が使われているが、このシンプルな意味は、認識が最初に誕生する時の映像の大本のアバウトな形態（カタチ）のことである。「なぜ単なる形態（カタチ）ではなくて、原基（オオモトノ）形態（カタチ）なのか」という質問がありそうだが、これは次のことである。

『育児の認識学』にキチンと説いてあるように、認識（映像）というモノは、人間の頭の中に初めから「ある!!」のではなく、赤ん坊として誕生した瞬間から、少しずつ（僅かながら）、次第に映像としての形が創られてくるのである。そしてその形づくられ方は、あくまでも感覚器官のすべてのそれぞれが一体的に働くことによって、ある形の映像に収斂（シュウレン）するものとして誕生していくのである。したがって結果的に映像として形成される、つまり、スガタ・カタチとしての映像に収斂してくるモノの大本を原基形態（オオモトノカタチ）というのである。

もちろんこれらは、原基形態（オオモトノカタチ）なので、赤ん坊の認識は、感覚器官への外部からの反映が増え続けていくのと、自身の脳の発育という内部の二大要因で、当然に修正されていくし、加筆（ものの タトエ！ である）もされるし、結果的には合成された映像として完成（これもタトエ！）していくのである。こうやって、ある程度定まってき始めた映像は少しずつ、頭の中で鮮明さを帯びてくるので、「記憶する！」ことができるようになっていく。つまり、このレベルで記憶されていくことになるのである。別の角度から説けば、これが「覚えている」となるのである。

赤ん坊が、他の誰よりも、他の何よりも母親をもっとも早く識別できるのは、以上の理由から！ である。はっきりいえば、自分の感覚器官を一番母親に一体化して反映させ続けながら、発育させたから！ である。当然に、母親よりも保育士さんが数多く反映してくるようになれば、母親ではなく、その保育士さんが実の母親よりも！ ということになるのである。

世の母親が育児の手抜きをする程に、赤ん坊は他の誰かに、それがなければ他の何かに、自分の感覚器官を発達させながら総動員させて、一体となってそのモノに原基形態（オオモトノカタチ）を形成かつ発展・修正・加工・合成させていく努力をする！ ということになるのである。

『狼に育てられた子』のアマラとカマラはこのすぐれた典型であるし、世のいわゆる自閉症児の原基形態（オオモトノカタチ）がここにあるのだ！ とはたして誰が分かっているのであろうか……。

第五節　認識＝映像はすべて個性的に生生・生成する

認識の成立のあらましが終わったので、次は表現の問題へ移ろう。

表現と言葉で書くと、問題は大してなさそうに思えるであろう。「要は表現すればよいのだろう」ということになりかねない。でも、そう簡単にはいかないのである。

「そもそも認識とは何か」といえば、唯物論哲学の立場からは、これは映像そのもの！　であった。それも、感覚器官のすべてを動員しての一体化によって形成される映像であった。

ここで読者諸氏に、しっかり記憶しておいてほしいことがある。それは、頭の中に本来的、原基形態（オオモトノカタチ）的にあるのは姿や形に進化していく「映像」であって、けっして「言葉ではない、言語ではない！」ということを、である。はっきりいって、アタマすなわち脳が映しだすのも創りだすのも、言葉ではなく映像なのだ！　ということである。

ここまで述べると、もしかすると「認識が映像であり、その映像は対象が反映したモノであるのなら、ほとんどの人のアタマの中には同じ映像が形成されてしまうのか、みんな似たような映像＝認識を持っているのか」と錯覚をする諸氏がいるかもしれない。これに答えるのは簡単である。

「否、そうではない。すべての人のアタマの中の映像は、けっして同じではない。同じには絶対にならない。これは全く同じモノを、同時に同じように反映させても（見てとらせても）、絶対に同じ反映、同じ映像とはならないのである。もちろんこれは、双生児でも同じ！　である。一卵性といえども同じにはならない」「なぜか？」の答えは、これは簡単に説くとしても、以下のように長くなる。ガマンして読んでほしい。

すべて認識は、その人の、その人だけの感覚器官を通してのみ対象を反映させるのである。

これ以外の反映はありえない。そしてその人の感覚器官は、すべてその人だけのモノである。他人の感覚器官を借りることは不可能である。

そればかりでなく、感覚器官は五種類ある。つまり五感覚器官なのである。この五つある感覚器官は別々に使っても、一体として使っても、必ず平等に使うことはできない。どんなに全神経を用いて熱中しても、感覚器官のそれぞれに異なった反映があるからである。

たとえば、両眼を平等に使おうとしても必ず別々的な反映をするし、両耳を同じように使おうとしても別々的な力として働くし、といった具合なので、Aさんと Bさんが、五つの感覚器官を同じように使う（反映）ことは到底無理なのである。これがすべての感覚器官の現実である。

再度説くが、一人の人間の感覚器官にかぎってもそうなのであるから、まして、他人であるアナタとワタシとでは、当然に同じ感覚、同じ反映はありえないことになる。同じ感覚器官の同じ感覚、同じ反映、といったことがない以上、同じ映像は誕生しようがないのが人間なのだ！　と分かることが大切である。ここにこそ、躾の必要性、教育の必要性、同じ遊びを「共有する」ことの必要性があるのである。

第六節　個性認識＝映像を共通認識＝映像にするために言語は必要である

　ここまで説いてきたことをまとめれば、認識はその人その人の感覚器官の個別性に支えられて、その人その人の固有の認識として発生し、かつ成長してくる、ということであり、この成長した結果をみて、その人の個性というのである。だがここで、大きく困ったことが出てくることになる。読者諸氏は、一体それは何だと思うであろうか。

　簡単に説けば、頭の中に生生・生成してくる映像は、すべてその人なりの個性的な映像として存在しているだけに、その人、その人によって、多かれ少なかれ異なっているわけである。だからといって、それを異なったままにしておくわけにはいかない。それでは社会関係が崩れてしまうからである。そこで当然にそれを共通の映像にしていく作業が必要となるが、これを一般的に教育・学習と称している。ここに言語の必然性の一つがあるのである。

　しかもこの作業（教育・学習）は、頭の中から始めるわけにはいかない。なぜなら、頭の中の映像を外へ出すことは不可能だからである。そこで、外から頭の中へ、なるべく共通の映像を送りこむことが大事であり、これによってのみ、この作業（教育・学習）をしっかり果たすことが可能になるからである。この場合、ここをしっかり行うためには、それなりの条件がある。

それは、認識＝映像の原基形態（オオモトノカタチ）は対象の反映によって形成されていくから、この認識＝映像の形成がうまくいくための条件である。

一つは、外界を反映させる作業（教育・学習）を可能なかぎり、実物の外界を反映させることである。たとえば、船を反映させようと試みるときに、なるべく模型やビデオなどではなく、実際の船をしっかり見せることである。

二つは、ここを行う時に、きちんとした言語とともに、つまり文字と発音をしっかり覚えさせながら船を反映させて、認識＝映像を形成させることである。

三つは、なるべく集団的・小社会的に（つまり、個人的にではなく）行うことである。

ここまで説くと、次のような思いを持つ諸氏もいる筈である。

「核家族の欠点の一つにこれがあるのです（ネ）。だから余計に、幼稚園が必要になってきたのです（ネ）」

「だとすると、これは幼稚園より保育園の方がより適当といってもよいかもしれません（ネ）」

「登園拒否や登校拒否がどれ程に歪んだ認識を生生・生成発展させてしまうのか、考えてみると、怖いことです」

「ましてや個性を伸ばす教育こそ、本当の教育のあり方だと唱えている先生の欠陥が、少しは分かった気がします……」等々と。

第七節　「分かる」ために必要な観念的二重化の実力

ここまで質問者である看護学生のAさんが、なぜ、分かった筈のことが言葉にならなかったのかのヒントは十分に説いてきたが、読者諸氏の思いはいかがであろうか。「えーっ、どうしてこれがヒントなのか」と不思議に思う諸氏もいると思う。少し説いてみよう。

では、何が言葉として表わすのを邪魔しているのであろうか。

看護学生であるAさんが、『育児の認識学』を読んで分かった気がしたのは本当だといえよう。

これには、二つの側面がある。

一つは、Aさんの認識＝映像の面であり、もう一つはAさんの言葉の面である。

認識＝映像の面の問題から説いていこう。

まずは、Aさんの認識＝映像の形成のあり方である。Aさんは看護学科の学生である。ということは、まだ認識＝映像が、大人になっていない、大人としての外界の反映も、外界との交流もない、つまり学生でしかない認識＝映像！　なのである。

先に、認識の形成がうまくいくための条件を三つあげたが、子どもの認識＝映像を自分の認識＝映像にするためには、子どもと交ってこの三つの条件を実地に実践する必要がある。

やさしくいえば、自分の「思い(映像)」が幼児の「思い(映像)」と同じレベルで描かれる＝描けるための三つの条件の実際の学びが、まだAさんにはなされていない！　ということである。

難しくいえば、Aさんは観念的二重化の他人化的レベルの訓練が不足しているので、いくら二重化しているつもりでも、自分の「思い(映像)」を他人（子ども）の「思い(映像)」として描いてしまうのである。自分の思いを他人の「思い(映像)」としてしまうだけの実力しか育っていない！　のである。

ここは大変に難しいところだが、どうしても分かってほしいのである。

ではどうしたら？　という質問があると思う。たしかに『育児の認識学』は看護職へ向かう人の必読書といってよい。しかしこの書物は絶版となっているだけに、本書『〝夢〟哲学原論』でも代役になるよう、それなりに詳しく説いている。それ故、本書を繰り返し読み込むことで、「知り」「分かり」を辿って自分の実力にしてほしい。

それはともかく、Aさんは、ではどうして、『育児の認識学』が読めたのであろうか、そればかりか、分かっていったのであろうか、という思い（映像＝謎）が次にくる筈である。

この答えにも二つの側面がある。

一つは、この論文を自分のレベルに下ろして分かってしまったか、もう一つは、この論文に自分のレベルを上げてもらって分からされたのを、分かったと思ったのか、である。

蛇足ながら、この双方が作用した（つまり、レベルを下ろしながらレベルを上げてもらった）

場合も当然に考えられる。

第八節　言語化できる認識＝映像を描くための実力

次になぜ、自分の言葉にならない、自分の言葉にできないのか、を簡単に説いておこう。

それは、「認識は映像である」と繰り返し説くように、認識は映像そのもの！　であって、言葉ではない！　からである。それだけに、自分の「思い」や「分かり＝理解」もそれぞれの一つの映像である以上、これを言葉として表わすには、その映像（思いや理解）を言語化しなければならなくなる。看護学生であるAさんは、学校用語＝学習用語である言葉はしっかり勉強して記憶化しているし、受験勉強の国語もそれなりに学習してきたので、そんなレベルの言葉は無理なく、自分の言葉として用いることは「できる」のである。

ところが、このAさんが、恋愛をしたとして、愛の手紙を書くことになったと仮定してみよう。Aさんは自分の「恋しい思い」なる映像を、当然のように言葉に表わせるであろうか。

答えは全くダメ！　である。書いて破り書いては破り、であればまだマシな方で、まずは最初の一行すら書けないでタメイキをつくのみ！　となってしまう筈である。

学校用語や学習用語は、認識＝映像が頭の中に創りだされていなくても、文字を暗記すれば、テストで満点をとることは可能である。このように説くと、中学・高校で秀才であった筈の読者諸氏は思わず「？？？？」となる筈である。そこでここも少し説明しておく必要があろう。先に説いた認識＝映像の原基形態（オオモトノカタチ）を自分の実力にするための三つの条件を思いだしてほしい。

ここの大事な点は、まず「必ず対象を実地に反映させて映像を描くこと」であった。これが自分の認識が感情を育てるタメの必要性である。実際に自分が乗ってみて描いた頭の中の船の映像と、模型で描いた映像とテレビで見て描いた映像がはたして同じだったであろうか？そんなことは絶対にない筈である。ましてラジオで聞いた映像はどう描けるであろうか。いいカゲンなモノしか描けない！　であろう。

諸氏はヘレン・ケラーがアタマの中に映像を描けるようになるまでの、サリバン先生の努力・奮闘の月日がどれ程のものであったのかを、本気で思いやったことがあるだろうか。多分にないであろう。私は、そこをまともに実践しただけでなく、なぜヘレン・ケラーが言葉を分かるようになっていったかの過程（プロセス）すら、理論的・実際的に（学的に）誰もが反論しえないレベルで、説くことが可能となっている。

これが武道としての武術の学びの威力だと聞いたら、諸氏はなんと思うだろうか。それはともかくとして、それ程の秀才である諸氏は、映像を描く努力のないままに中学生、高校生、そして大学生に育ってきているのである。証拠を挙げてみようか。

一次方程式をグラフではなく、現実の地球上の形態で描いた経験を持っているであろうか。学校の先生が一人でも、その映像の実際の対象を見せてくれたであろうか。これは数学だけでなく、国語でも「思想」「大好き」「死ぬ程嫌い」等々の映像を描いてみたことがあるだろうか。「ない！」であろう。

こんなことは昔々は小学生までは大切になされていたのである（現在は、ほとんどない！）。だが、中学校からは対象のない、反映のない、文字や数字や式や……等々で、対象を知る学習はほとんどなかったであろう。秀才の諸氏は、このように対象の反映することのない（映像抜きの）文字や数字とやらをまともに覚え抜くことで一流校へと入学できているので、大切な頭の中の本物の映像の形成の育ちをいいかげんにしてきたのである。

ここでの問題は学校の教科書でもなければ、受験の国語でもない、『育児の認識学』である。これは執筆者である海保静子が、自分の対象である子どもの世界の実際を、自分の頭の中に五感覚器官を十分に用いて反映させた認識＝映像を真剣に言語化したものである。

当然に、この論文の言葉を理解するには、執筆者の頭の中にある認識＝映像が、どのような過程の中で成立してきたのかを分からなければならない。そうでなければ、この論文の言葉を受験国語のレベルで理解ないし解釈することになってしまう。こうやって理解ないし解釈した認識＝映像を自分の言葉で表わそうとしても、なかなか言葉が見つからないことになる。

ここは「愛の手紙」がどうにも書けないのと同様の論理構造を把持しているのである。

以上簡単ながら、「認識の成立から表現に至る過程的構造の解明」の一端を説いてみた。ここは諸氏のすべての方に大変に難しかったと思われる。

第三編　生理学から説く「夢とは何か」

第一章　認識の発展の過程的構造を脳から説く

第一節　私達人間の脳には大きな二つの働きがある

第二編では、「夢とは何か」を学的に説くために、加えてそれを理解してもらうために必要な認識論について、基本からしっかり説いてきた。この後はそれをふまえて、第一編「哲学的に説く『夢とは何か』」の内容を、「生理学から説く『夢とは何か』」としてさらに詳しく説いていくことになる。

では、誰もが夜見る夢の話の続きから……となる。まずは簡単に復習してみよう。

説いてきたように、夢というものは私達人間の、すなわち読者諸氏や私の脳が創りだすものである、といきなり説いたのでは、単なる事実の説明になってしまい、少しも論理的（しっかりと筋の通ったモノ）ではないので、ここはしっかり高校生レベルで始めることにしよう。

人間はすべて（諸氏も私も、である）夢を見る。「私は見ないこともある」と反論したい諸氏もいる筈である。だが、夢は必然的である。夢を見ない人間は一人もいない。それがどうしてなのかを、しっかり分かることが大切である。それ故、まず基本となる事実からである。

私達人間には脳がある。この脳には大きく分けて二つの働きがある。

一つは、身体全体を総括・統括するという働きである。これは私達人間として五（つある）感覚器官を駆使する形式で行われている。食事も運動も睡眠も、そして育つこと、衰えることを含めての、生まれてから死ぬまでの生活のすべてを総括・統括している。

二つは、脳はその自分の脳の中に映像を創りだす働きがある。この映像は外界を五感覚器官を通して反映させて創りだすものである。ここで五感覚器官からの反映は、当然に神経系統を通してなされる。この神経というものは、実は数多くの性質を持って存在しているのである。

それだけに、信じがたい程の神経が束となって脳へとつながっている必要がある。

たとえばということで、脳へつながる視神経の本数を承知であろうか。これは単純に計算しておよそ百二十万本といわれている程の「大多数」なのである。

ただ、その反映させた映像は、脳の中でじっとしているのではなく、時々刻々と反映され続けられる中で、次第にある定まった姿や形として定着されていくことになる。いわゆる記憶という映像に変化するわけである。しかし、この記憶という映像も定着されていくとはいうものの、その定着された映像へ向かって、新たな反映がこれまた時々刻々と定着されるべく到着してくるものであるから、自分自身が知らぬまに、少しずつまた少しずつと、脳の中で脳自身の手によって変えられていくことにもなる。

したがって、少年・少女時代にしっかりと定着しきっていた自分の育った場所の想い出の映像も、大人になってみると「アレッ⁉」というくらいに、自分の記憶と大きくズレていることに驚くことになっていた筈である。これは仕方ないというより、当然の出来事なのである。

理由は二つある。一つは、定着の映像が先に説いたように少しずつまた少しずつと、他の反映してくる映像で染められて修正されていくからであり、他の一つは、少年・少女時代の五感覚器官で形成した映像は、あくまでも少年・少女時代の脳の実力での形成映像であるから、大人となった五感覚器官で反映、形成する映像とは大きく違っていてあたりまえだからである。

すなわち、対象からの反映を受けとめる感覚器官の成長の度合いの違いからでもあり、定着した映像の変化からでもあり、という二重性の変化が「アレッ⁉」と思わせるものになってきているのである。

さて、この脳の大きな二つの働きを、一つは身体全体の総括・統括であり、もう一つは外界を反映させたものを映像として定着させることを含めての、すべての映像を総括・統括するものだと説いてきた。この映像の総括・統括（生成から発展、そして消滅等々）の問題を扱うことを、繰り返し説いているように、学問レベルで認識論ないし認識学というのである。

逆から説けば、認識は簡単には外界の反映した映像を大本として合成する形でモロモロの形式に定着させられ、かつ、その人なりの一定のあり方で総括・統括されているものだといってよいのである。そしてこれらを理論的に体系化・構造化していくのが、認識の学問化なのである。

第二節　認識は五感覚器官・脳の成長との相互規定性で発展する

「肝心の夢はどうなるのですか」と、読者諸氏にまた疑われそうである。話を続けよう。

このようにして脳の中に定着させられていく映像すなわち認識は、外界の反映によっても、あるいは外界の反映がなくても、次第に脳自身の総括・統括力によって育っていく（育てられていく）ことになる。理由はこれまた単純なことである。人間は大人になるまでは、少しずつと次第に成長してきているからである。

ということは、人間の身体全体が成長していることであるから、当然に身体の中枢である脳もまた成長していっている。これらは相互に規定されながら、すなわち相互に働きかけあいながらの成長をしていっている。具体的にいえば、脳が成長するということは、五感覚器官を通して反映された映像もそれに応じて成長した映像になっていくということであり、身体全体が成長するということは、その身体の成長に応じて五感覚器官が成長するということであるから、である。

そして外界はその五感覚器官を通して脳に伝えられるだけに、成長していく五感覚器官は外界をより成長した姿や形で脳に反映させるようになっていく、ということでもある。

故に、脳の成長によって脳の中の映像が成長させられるだけでなく、また五感覚器官の成長によってより見事な感覚としてその反映が、より見事な映像の反映を行うだけでなく、成長した脳による成長させられた映像によっても、五感覚器官が感じる対象がより見事に感じられるようになり、成長した五感覚器官のより見事な感覚によっても、脳の映像が媒介的に成長させられるという、複雑な規定性の成長を映像＝認識は遂げていく、ということになっていくのである。

以上で脳の描く映像というものが、身体全体からなる五感覚器官と脳自体の成長によって、互いの成長のあり方が互いへの影響力を増すことによって、より見事な映像へと発展していくという構図が、少しは分かってきた筈である。この映像の定着したものを認識と呼ぶことは先に述べた。

この認識の形成・定着が、夢を見る場合の夢の実体（実態）というものの原風景なのである。ということで、ここから少しずつ、本来の夢へと移っていくことになる。ここで原風景と述べたが、これはあくまでも花の種といったレベルでの夢の種みたいなものである。つまり、種から芽が出て成長してやがて花が咲くように、この原風景が種であるということは、この原風景が芽を出してモロモロの多くの夢という花を咲かせることになっていくからである。

では、脳の中で、どんなふうにして諸氏の夢の花は咲くことになるのであろうか。

第二章　夢の問題の解明に必要な「昼間の生理学」と「夜間の生理学」を説く

第一節　夢は睡眠中に脳が勝手に描くものである

何回も説くように、脳の中に反映される映像は、その人の個性的なあり方によって、である。その映像が濃くなるか淡くなるかは、その人の五感覚器官の実力と個性次第であり、したがって脳が描く映像は当然にその人らしい映像となる（なるしかない）。すなわち、その人らしくその人の個性的な夢の花を咲かせることになっていくのであり、その人らしく、すぐれてその人らしい夢を見てしまうことにならざるをえないのである。

ということで、肝心の夢を見るということであるが、通常これは当然に眠っている時に見るものである。すなわち「夜」見ることになる。ここで以前説いた次のことを思いだしてほしい。

それは私達人間の認識（映像）は自分の感覚、感情、個性、人格によって、いかようにも創られかつ創りかえられる、という大事なことである。

夢は夜、眠っている時に見るものである。これがいわゆる通常の、常識的な夢である。睡眠中に起きるこの夢は脳が勝手に描くようになっているので、時として大変なことになってしまう場合とてある。楽しい夢の場合は、身体に害を及ぼすことがほとんどないので、まず「よい」のであるが、悲しい夢や怖い夢とか、ましてや殺される夢、殺人を犯す夢などは、とても困ったことになる。だが、それを見る人にとっては、それらは避けられない夢である。

なにしろ睡眠中の出来事なのだから。では怖い等々の夢はなんの前触れもなく、突然見ることになるモノなのであろうか、それともなんらかの予想がたつものであろうか。

ここに関しては、説いてきているように、昼間の生理学と夜間の生理学との学びがとても大事になってくる。しかし、読者諸氏の授業で教わる生理学では、ここはほとんど説かれていない筈である。なぜなら、ここが研究者や学者先生にしっかりと分かってさえいれば、夢の問題も、睡眠時無呼吸症候群の問題も単純なことだと、簡単に説きあかされていて当然だからである。

でも現実には、これらはほとんど説きあかされてはいない、すなわち誰一人としてまともに生理学、すなわち夜間の生理学の謎を解けてはいない、といってよいであろう。

昼間の生理学と夜間の生理学がなぜ違うのかについては、とても大切なので、少し復習しておく必要がある。まず、脳に外界を反映させる力を把持しているのは五感覚器官であった。

そしてこの五感覚器官は、視覚、聴覚、味覚、嗅覚、触覚の五つからなりたっているので、五感覚器官ないし五感器官とも呼ばれている。この五感覚器官は、それぞれの外界の反映を、それぞれのルートを通して脳へ伝える（伝えられる）ことになる。

前に説いたように、これは神経の働きとしてなされている。視覚でいえば、見ることもそして見たものを伝えることもすべて神経の働きである。この見たものを伝える神経の数は、先に述べたようにおよそ百二十万本といわれる程に多いのである。人体の場合、多数あるということは多数を絶対に必要とする！　ということである。視覚だけでもこれだけの数があるのだから、五感覚器官でいくらになるか、実に膨大なものだとしっかり感じとってほしい。

第二節　脳自体の総括・統括の二つの働きとは

さて、問題（難しいの）はこれからである。これらの膨大な神経の元締（大本）はもちろん脳である。当然これも実体は神経そのものである。脳はこれらの五感覚器官の神経をすべて一体化・体系化しながら総括・統括している。当然ながら脳は自分自身も神経なので、自分自身をも自分で総括・統括しながら、五感覚器官のすべてを統括しているのである。

簡単に説けば、脳が自分自身を総括・統括しているということは、脳自体の全体を総括・統括していることだが、実は脳には二つの働きがあった。総括・統括するということは、その二つの働きを一つのものとして総括・統括しているということである。ここはしっかり復習しながら分かってほしい。そうでないと、夢の構造を分かることは不可能になってしまうから。

脳自体の総括・統括の中の二つの働きとは、一つは脳自体の生理状態と運動状態の総括・統括であるし、他は脳がそれによって誕生させる認識すなわち映像の総括・統括である。

ここで「オヤ?」と思うことができた読者諸氏はエライ！　と思う。

なぜかというと、「脳の他の働きとは」を前には、「外界を反映させたものを映像として定着させることを含めての、すべての映像を総括・統括する」と説いた、すなわち〝反映した〟という文言が映像あるいは認識の前についているから！　である。

その通りである。それがここでは、脳がそれによって誕生させる認識（映像）となっているのであるから。実はこれは、五感覚器官を通して外界を反映させ脳に描かれた映像（認識）は、原風景の映像と呼びたいもので、いわば大本の映像だからである。脳はこの原風景の映像を描いているばかりでなく、その映像を自分自身に適合するように密やかに修正し続けているのである。

諸氏の実例レベルで少し説明してみよう。

朝起きて、顔を洗いに行く時には、原風景としてはきちんと洗面所にタオルも歯ブラシも揃っている筈の映像が、脳の中には浮かんでいる。でも、行ってみると、そこは実はトイレだったということが場合によっては、ある。

これは、アナタの原風景の映像と現実の映像が一致していない、すなわちこれはアナタがまだ起きたばかりで、少し寝ぼけている時などに起きる現象である。そこでアナタは、「ア、しまった！」とばかりに脳の映像を現実的に修正しながら、洗面所へと向きを変えることになる。

しかし、もっと寝ぼけている場合には、この修正すらがなかなかできないことになろう。「なんでここが洗面所じゃないんだよ。洗面所の筈だろ！」と、その違った場所をトイレとしてしきりに脳の中の映像に合わせよう！　と努めることにもなりかねないのである。以上の例で、少しはボケかかっているかのような老人のいわゆる「ボケ」現象形態の中身（アタマの中の映像）が諸氏にも分かりかけてきたであろうか？

かつて酒場で酔っぱらってしまった一流の演出家が、自宅へ帰る途中で他人の家を自分の家と錯覚して、住居侵入罪で捕まったことがあったが、こんな出来事が脳（酔っぱらった）に起きるのは、実は不思議でもなんでもないことなのである。なにしろこれは、説いているように寝起きの場合にすら起きる現象なのであるから。しかしこの寝起きの場合には、脳が、ある時は瞬時にハッとして修正し、ある時は徐々に修正されて、ともかく正常の反映を取り戻すことになるので、酔っぱらった人みたいになかなか正気に戻れないということには、通常なりづらいのであるが……。

第三節　脳の総括・統括は当然に弁証法性を把持する

脳は、脳自体の全体として二つの働きを総括・統括し続けるものであった。しかし大変なことに、この脳は自分自身を全体として総括・統括しているばかりでなく、脳自体が存在している身体全体（全身）をも総括・統括していることは、説いてきているように常識レベルで分かってほしいことである。再三説くが、脳は自分自身の総括・統括体系の外側（これは比喩である）に、その自分自身をも含めた身体全体（全身）の総括・統括を行っているのである。

すなわち脳は自分自身の総括・統括と身体全体との総括・統括の二重性（二重構造）を、あたかも一つの構造のものとして時々刻々総括・統括する（しなければならない）という大事業を、欠かさずに行っているのである。しかもこれは当然のことに、朝から晩までという以上に、生まれてから死ぬまでの毎日毎日のホンの一秒すらも休むことなしの行事である。こうなると、「それはそれは大変な出来事（!?）なのですね！　それでよく身体が持つものですね～」と感嘆する向きもある筈である。ここでまた、弁証法が少しばかり顔を出すことになる。

脳は身体の運動と認識の運動との総括・統括を行うとはいうものの、これは当然に弁証法性を把持しているものである。なぜなら、弁証法とは、自然・社会・精神の一般的な運動に関する学問だから、である。これは自然・社会・精神の歴史性、構造性に弁証法性があるから当然のこと、である。ここで弁証法性とは一般的に説いて、のことである。

だが、諸氏の場合はこれを分けて考えると、より分かりやすくなるだろう。

弁証法性を分ければ、自然の弁証法性、社会の弁証法性、精神の弁証法性と三つになる。

ここを簡単に説明すれば、三つは自然の生成発展、生成変化、衰退、社会の生成発展、生成変化、衰退、精神の生成発展、生成変化、衰退の流れ（過程）を運動性として捉え返したものと把握できれば満点である。これを一般的に弁証法性と学問レベルで名づけているのである。

ここで諸氏に分かってほしいことは、運動とは変化のことでもあり、変化するとは運動するということでもある、という弁証法の一大論理である。すなわち、これは弁証法の用語としての大切な意義を持つものであり、大事な論理だということである。それをここで適用すれば、脳が身体と脳自身を総括・統括するということは、身体の運動と脳自身の運動を総括・統括することにとどまらず、脳自身のその二重の総括・統括すらも運動そのものであるということである。「これが運動ということは、これは変化している！」ということなのである。

そこで、まずここでの運動すなわち変化の、大きな部分を見てみることにしよう。

第四節　活動している「昼間の生理学」と休息している「夜間の生理学」

その弁証法性の運動・変化として見ているのが、再三説いている昼間の生理学と夜間の生理学なのであり、すなわちここを運動＝変化の二重性として把握すれば、脳の、身体と脳自身の総括・統括には二重性＝二重構造がある！　ということなのである。

ではその二重性すなわち昼間の生理学と夜間の生理学は、どう異なりどう同じであろうか。

事実レベルでは読者諸氏は十分承知している筈である。昼間はいうなれば生活レベルかそれ以上の形態で運動しているが、夜間は睡眠状態という形態での生理的運動をしていることになる。

ここでまた疑問が出ると思う。「昼間は少なくとも身体をあちらこちらに運んでいるのだから、大して動いていなくても運動といえなくもないが、夜間はどうみても運動ではないと思う。夜暴れるネズミとか、暴走族ならばともかく……」となっている筈である。ここでまたまた、諸氏に弁証法とは……を持ちだすことになる。弁証法で説く運動とは、〝何〟であったか……と。「そうであった！」と思いだしてほしい。

弁証法で説く運動とは、一般性としてまず思うべきは変化のことであった。では何が夜間になると変化（運動）するのだろうか。通常の人達は夜間の状態はまず睡眠である。睡眠は通常ベッドの上で横たわることになる。

そうすると、何が起きると諸氏は思うだろうか。ここは答えからである。

横になると、実際には脳の働きに確実な変化が起きてくることになる。それは一体どんな変化だというのであろうか。この答えは出たも同然である。脳に、まずは運動しない、するべきではないという指示たる変化である。昼間はどうだったであろうか。朝起きるとどんな変化が起きるだろうか。これも簡単である。起きたからには、きちんと日常生活レベルで動くべきとの指示という変化（運動）である。

だから、朝起きて突っ立ったままじっとしているというのは、とてもきついことになる。当然に、動き回る方が楽だからである。逆に、夜寝るとなると、じっと横になっている方が当然に楽チンであろう。これらはすべて脳の総括・統括としての大きな働きの一つなのである。横になった時には、目をつむった方がもっと楽になるものである。夜眠れないと思う人はガマンできずに必ず目をあけてしまうから、このことだけでも余計に眠れないのである。

どういうことかを簡単に説くと、目は五感覚器官の一つである。五感覚器官は昼間、すなわち起きている時は当然に使われるべく、としての運動を欲するだけに、目を使う方が他の器官を自然的に働かせていくので、とてもよいのだが、しかし睡眠の時には目はまず使ってはいけないのである。理由は、他の器官を働かせてしまうからである。すなわち、脳の本能的働きとしては、目を始めとして五感覚器官には当然のように「お休み」をさせたいのであるから。

以上、朝起きたなら動くことであり、夜寝たら何もしないことは、脳の総括・統括としての働きの一つだと説いてきた。ではこの時、つまり、安らかに横になった場合の脳は、一体私達に何をやらせようとしているのだろうか。この答えは難しくない。

昼間の脳はしっかり生活の中で動くことができる身体の働きを創るための、自らによる全身的な神経の働きを行わせるのであり、夜間の脳は昼間の生活の中で動きすぎた全身的な運動の疲れを、自らの脳と合わせて全体的に癒す神経の働きへと変化させる本能的仕事を行うのである。

簡単に説けば、昼間の場合の神経の働きは運動するものへとして変化させられ、夜間の神経の働きは疲れを癒すものへと変化させられるのである。それだけに脳の総括・統括としては、筋肉関係とか骨関係とか、そして特に内臓関係とかは、それ自体の肉体レベルでの運動はもちろんのこと、生理的な運動すなわち血液の流れとかホルモンの働きとかのモロモロの運動関係のレベルを下げる、すなわち、しっかり控える神経の働きとなっていくのである。つまり、脳による神経を通しての体系的な働きが、昼間は生活運動的（労働的）にさせられていくものが、夜間は生活の疲れを癒す働きへの体系と、すっかり変化させられていくことになるのである。

これが私達人間の身体と脳の生理学である。

ここの学びこそが本来は生理学の基本とならなければならない筈である。

要するに、昼間の生理学（生理構造）と夜間の生理学（生理構造）は、その実質も意味（機能）も大きく違っているのであり、先に説いたように、昼間の生理学は身体も脳も生活（活動＝運動）している（しなければならない）ものとしての働きであるし、夜間の生理学は休息している（しなければならない）身体と脳の生理学なのである。

ここまで説いてくると、「人の脳と身体の働きがここまで説いたレベルであれば、これらの研究は動物実験ででも分かるのでは？」との見解も出てきそうである。

だがこれは、大きなまちがいである。私達人間には動物（哺乳類）と大きく異なった部分があるからである。

動物の本能的行動に加えて私達人間は、一般の動物（哺乳類）とは大きく違った昼間の生理学を把持しているので、夜間の睡眠の生理学も、つまり夜間の身体的睡眠的生理学（構造）が全く異なってきているからである。これは私達人間が他の動物と違って労働を行うようになったからであり、この労働するということの中に、つまりこの労働というものの過程的構造に、夢の問題を解く大きな鍵の一つがあるのだ、と分かってほしい。

第三章　労働と睡眠の関係を説く

第一節　私達人間の睡眠は労働による疲労の回復のためである

ここでまた、少し復習しておこう。

では、私達人間が労働を行うことが、なぜ夜間の生理学に関係することになるのだろうか。

たとえば……ということで、読者諸氏にはいつも眺めている筈の犬や猫を思い描いてみてほしい。彼ら（?）はたしかにモロモロの運動をすることはあるが、けっしていわゆる私達人間の労働（姿や形の変形）をしているのではない。マンガの中では犬や猫がたしかに手で皿を洗ったり、洗濯物を干したりはするが、現実の世界の犬や猫は労働らしきものといえば、エモノを捕まえたり、互いのエモノを奪い合ったりがせいぜいである。

しかしその場合でも、必ずその犬や猫なりの動き（形態）であり、けっして異形のことはできない。すなわちエモノを捕る時、犬が馬のマネで動くことはない（できない）し、猫が猿のように動くこともない（できない）のである。すなわち、犬は犬の運動形態から一歩もはずれない動きをし、猫も猫の運動形態のワク内での動きそのものだけである。

読者諸氏。諸氏には私がここで何を説こうとしているのか、分かるであろうか。

端的に説けば、これら彼らの運動形態は本能という脳の働きによってなされ、それ以外の形態は自らはとりえないのだ、ということである。したがって、いかに犬が大運動をしても、どんなに猫が大騒動をしても、睡眠をとる場合の中身は、それらの動物の本能の範囲内であって、私達人間の睡眠とは大きく構造が異なるものがあるのだ！　ということである。

それは一体〝何〟なのかと、ただちに問われそうである。それは労働をするということの構造の中に解答は存在するのである。犬や猫は犬や猫としての、きまりきった本能としての本能が命ずるところの運動形態しかとらない（とれない）ので、睡眠は単に疲れを癒すだけ！　でよい。

こう説くと、諸氏の大半は「えーっ、私の睡眠は疲れを癒す、疲労を回復するためではないのか」と反論すると思う。私の答えは以下である。

「たしかに疲労回復のためはそうなのだが、疲れを癒すのと疲労の回復とでは何か違うものがあると思えないだろうか。諸氏は疲れと疲労の違いに気がつかないであろうか……？」

このように述べても、諸氏の大半は、文字遊びのくだらないお話だと思うかもしれない。だが「疲れは、要するに疲れただけである」が、つまり何もしなくても「疲れは疲れ」である。

それに対して「疲労というのは労働による疲れである」といえば、違いが少しずつ分かってくる筈である。

諸氏に言っておく。単なる言葉の遊びだと、ここでは思わないことが大事である。すなわち、労働をしない（できない）犬や猫などの動物（哺乳類）は、疲れはあくまでも日中での生活（!?）の単なる疲れなので、睡眠での脳の総括・統括はその疲れを治すためのものである。

これに対して、私達人間の眠りは日常生活での疲れはもとより、労働による疲れをも癒すためだけでなく、端的には、労働によって歪んでいく身体の人間体への回復のためのモノでもある。

このように説いても、まだ言葉の遊びにしか思えない（考えられない）諸氏もいようか、と思う。そこでもう少しというより、この言葉を大きく弁証法レベルで読みとる必要すなわち、この言葉の運動形態、つまり、大きく一歩この言葉の構造に立ちいることが必要になる。

動物の生活（!?）と私達人間の生活の大きな違いは何なのか、というごく初歩的・基本的なところから、もう一度始めよう。答えは、動物の生活には労働はないが、私達人間の生活にはあたりまえのように労働がある、ことであった。

ここで「労働とは」を学問レベルで定義すると、「労働とは人間が観念的・実体的に対象に働きかけて、働きかけた対象に自分の分身を創出すること」である。

分かりやすく説けば、アナタが作った工作物・農作物はアナタの分身といえるのである。すなわち、アナタの手や頭と心で創ったものは、アナタの身体や頭と心が創ったアナタのまともな分身だといってよいのである。

労働とは一般的にはそういうふうに、私達人間が私達人間の分身を創りだすことである。これを簡単には「労働とは別名、人間の対象化といい、対象化の結果創出されたものを、対象の人間化である」というのである。

私達が自然に働きかけて畑や橋を創れば、それは学問レベルでは自然の私達的人間化なのである。そしてその労働によって、当然に私達自身も自然に創りかえられて変わる。これを私達人間の自然化という。

アナタが小説を書けば、その小説はアナタの精神（心）がそこに存在することになるアナタの分身化であるし、アナタが草花を育てれば、それもアナタの精神（心）と身体の分身化である。ここを弁証法レベルで「相互浸透」という。

という具合に、私達人間の労働は私達人間の分身を、自然・社会・精神の至るところの分野に生みだしていくのである。よって現在の地上には、私達人間の分身化がなされていない場所はあまりない。南アメリカ地方のどんな秘境も、どんなジャングルも、どんな高峰もすべて私達的に人間化されていることが分からなければならない。いかなる深海も私達人間の分身化（海底ケーブルだけでも、地球の三周分以上ある）がとっくに進んでいるのである。

簡単に諸氏に分かるレベルで説けば、地上を覆っている産業化による汚染、核実験による汚染、海の藻屑となっている何万隻もの舟や船、軍艦等々……も私達的人間化であり、これこそ地球の温暖化の現況である。これは本当にそうなのである。

これらはすべて、私達人間の労働の対象化によっての、私達人間の精神と身体の分身による自然の私達的人間化なのである。私達人間というものは、「あらゆるものを自らの労働によって私達的に人間化しなければ、どうしても気がすまない……という野心を持った存在」なのである。「自然を守れ」といっている人も人間として生活しているだけに、自然をすべて私達的に人間化している努力を傾けているのだ、とせめて理論的にくらいは分からなければならない。

これは良いか悪いかの道徳などの問題ではなく、どのような立派な行いのように思えても、せいぜいどれだけ自然に対しての私達的人間化が悪くないか、その程度の問題でしかないのである。

第二節　「疲れ」と「疲労」は論理的には異なるものである

以上、私達人間の生活と動物の生活(!?)の違いについて少し説いてきた。

これは「疲れと疲労の違い」を学問レベルで説明するためのものであった。少しは疲れと疲労の区別ないし違いが、分かってきた筈である。

次は、それによって何が問題となってくるのか、である。

アナタやワタシが疲れたという場合に、二通りのものがある筈である。一つはなんとなくの疲れであり、もう一つは本物の運動とか、労働による私達人間的な疲れである。この場合の違いを読者諸氏は考えたことがあるだろうか。おそらく「ない！」筈である。

でもこれは、夢の問題の解明にはとても大事なことなので、分かりやすく説いてみよう。なんとなくの疲れというのは、疲れるようなことをした覚えがない！　ということであろう。そうでなければ「ああ、あれをやりすぎたためだ」とか、「あんなことをしたからだ」と思いあたることが必ずある筈だから。しかしまじめに労働した場合の（特に身体を使っての）疲れは、これはしっかりと身に覚えがあるのだから、「なぜだ？」と考える必要は全くない。

それだけに、身に覚えがない疲れというのは、まじめに原因を考えることが大切である。これは身体の中の具合の悪さ、つまり病の初期可能性が大なのであるから。

身体が正常な場合は、いわゆる疲れ感というものは、正常な生活過程を持っている人には通常めったに生じないものである。これこそが脳の総括・統括であり、総括・統括としての働きなのであるから。でも徹夜まがいのことをしたり、ごろごろ寝てばかりや、受験勉強が生活の中心であれば、これは「毎日が疲れの連続であって当然」なのは分かっている筈である。

これも実は、単なる疲れではなく疲労なのである。でも、どうしてそれが「疲れ」となるのではなく「疲労」となってくるのかは、なんとも疑問であろう。そこで諸氏の大半は、以下のように疑問を持つであろう。

「運動を激しくやって、労働を厳しくやって、そしての疲労ならば、あなたが先程から説いてきている疲れと疲労の区別にぴったりだから分かる。徹夜まがいの出来事、たとえば麻雀ならまだ睡眠不足だ、煙草をふかして……でまあ疲労といえなくもないとは思う。しかし、それにしてもゴロゴロ寝ているとか、受験勉強とかが疲れではなく疲労になるのか、大体ゴロゴロ寝ているのは疲れでもないだろうに。受験だって机に向かっているだけではないか。脳が働きすぎての脳自体の疲労ならばまだ納得できるのだが……。これが疲れではなく疲労だという説明が本当にできるのか」と。答えは以下である。

何回も説くように、そもそも私達人間は哺乳類に属する動物である。動物はたしかに運動する生き物であるが、その運動する生き物の中でも、特に激しく動き回る必要に迫られて誕生したのが哺乳類なのである。それだけに哺乳類の宿命として、あちらこちらに動き回る性質をほとんどのものが持っている。

つまり、動くことが、それも全身体的に動き回ることが宿命（本能）なので、そういった宿命を遺伝子レベルで背負っている筈の私達人間が、「一日中なにも運動レベルの動きをしないで麻雀卓を囲んでいたり、あるいは勉強机の前で座りっぱなしで本を読んでいたり、もっとひどいのはゴロゴロ寝てばかり」なのでは、運動しないことによる疲れがどっとたまっていくのである。

しかも、これは運動すべき宿命（遺伝子）を持った身体がその運動をしないのであるから、逆にいえば、わざと身体を固くして運動できない身体の姿や形をとり続けるという、いわば座禅みたいな修行状態におかれているのである。座禅の場合は、この姿や形が目的的な御当人の意志で行っているのであるから、まだ大丈夫なのだが、上記三者の場合はその姿や形に目的も、志もないままに、勝手に運動を止めて、身体をわけも分からないままに固めるようにしているだけなのである。これはいわば、ある種、拷問レベルの運動である。

運動すべき、かつ運動したい筈の身体をしばりつけて運動させせない姿や形をとらされるのは、逆の運動、すなわち、運動効果を否定する嫌な運動となっていくのである。したがって、これは疲れではなく、「疲労」なのだと分からなければならない。ここで「幼稚園児や小学生が授業中にじっと座っていることがなかなかできないのは、本当は身体的には当然のことだ」と分かった上で教育、指導をしなければならないことを先生方は分かる必要があるのである。

ここまでくれば、私達人間のおよその疲労の中身（実体）が分かる筈である。単なる疲れではなく、疲労というものは運動をも含めての労働のしすぎ、かつ、しなさすぎでも、身体の歪みとしても起きるものだということを、である。すなわち、人間の身体や脳の原基形態（オオモトノカタチ）は、元々哺乳類という動物なので、その哺乳類としての動物の脳や身体に本能レベルで備わっている運動形態を無視する形式での労働や、刑務所での独房レベルのいわゆる不労働が、どんなに身体を、そして脳を痛めつけすぎているのかを、分かる必要があるのだ、ということである。

ではということで、「疲れ」と「疲労」のことはよく分かったが、それで一体、何が次の問題となってくるのかが、問われることになる。

そこで初めて、まともな睡眠、すなわち哺乳類としての動物の睡眠ではなく、労働を生活そのものとしてきている私達人間の、睡眠とは何かの実態が問われなければならないことになる。

第四編　弁証法的に説く「夢とは何か」

第一章　「生命の歴史」から説く夢を見る実力への過程

第一節　「夢とは何か」の問い方を問う

第三編では、「生理学から説く『夢とは何か』」を論じてきたが、それは「第一編　哲学的に説く『夢とは何か』」の内容をさらに詳しく説いたものであった。

本編では、第一編で要約的に説いたもう一つの重要な問題「弁証法的に説く『夢とは何か』」を再び取り上げることにする。

読者諸氏。第一編では、「夢とは何か」の導入部分として、夢というのは人類になって初めて誕生したものであると説いた。そうすると諸氏は「なぜ人間は夢が描けるのか、また夢を描けるようになったのか」と問うかもしれない。だが、論理的・学的レベルからは、この質問は飛躍しすぎている。これは、事実に関わっての学びが大きく不足している一つの証拠である。

というのは、通常学問を志す私達人間は、「夢とは何か」を知らないままに、「なぜ人は夢を見るのか」とは問わない。夢の何たるか、すなわち「夢とは何か」を知らないままに、「なぜ夢を見るのか」とは論理的には問えないから、ましてその上の論理レベルである、「なぜ夢を描けるのか」という問いはできないモノである。でも、これができる人が現実にはいる。これが受験国語というより受験勉強の（結果としての）実力だからである。もう少し付けたしておけば、おそらくそのように問う人は、夢に関しては「知っている（つもり）」だからであろう。

では、まずその「夢とは何か」について、哲学レベルで解答することにしたい。

但し、本書ではあまり詳しく説く時間はないので、サラリといく（詳しくは『全集』第十三巻）。諸氏は、私達人間はサルから進化したことは当然承知である。では、サルは夢を見るのであろうか。夢を見ることはできるのであろうか。どちらも答えは、否である。

どうしてそんなに簡単に答えられるのか、と疑問があると思う。また、「私は『動物だって夢を見る』といった本を読んだことがある！」と反問する諸氏もいると思う。でも、動物は、そしてサルは夢を見ることはない。これに関しては少し、ていねいに説くべきであろう。

諸氏には信じがたいことであろうが、私は夜中の死ぬ程怖い夢（簡単には、断崖絶壁から突き落とされる夢、深海で浮かびあがれないで息が絶えていく夢、はたまた残酷に殺されていく夢等々）を自分の意志で変える訓練をして成功した実績を持っている（前編に説いている）。

それ以来、どのように怖い夢を見たいと戯れに思っても、これらの夢はどうやっても見ることができなくなってしまったのである。では私達人間は「どうして夢を見ることが可能になったのか」をサラリと説くことにしよう。

第二節　サルにおける「問いかけ的認識」の芽生えとは何か

そもそも夢というものは、私達人間だけが見ることが可能なものであり、他の動物には関係ないことだと繰り返し説いてきたが、その概略を、再度説いていこう。

生命体が、地球の生生・生成発展の流れに伴って、魚類から両生類、両生類から哺乳類へと発展する流れの中で、その哺乳類の生生・生成発展の過程で、ある特殊な哺乳類だけが哺乳類としては特異な発展を遂げることになっていった。それがいわゆるサル（猿類）である。

サルと他の哺乳類との大きな違いは、他の哺乳類が地上そのものを駆けめぐって、いわばその地上との関係の強化だけで生生・生成発展し続けていったのに対して、サルだけはどういうわけか、草から草木、そして樹木へと発展する植物の流れに従って、他の哺乳類とは大きく異なった発展を遂げる機会を持つことになってしまった。つまり、その植物の草から草木、そして樹木への発展に伴う形で、サルだけは、哺乳類としての四ツ足の運動から次第に離れていき、いわば大地レベルでの運動形態から、空中レベル（樹木の枝々）で両手両足を均等的に用いるという哺乳類からすればいびつな発展を遂げることになってしまったのである。

その両手両足の特異化のお蔭で、サルの脳は、いわば大混乱を来たすことになってしまった。これは簡単に分かることである。四ツ足がそろっての（？）運動から、両手と両足が分化する運動が始まっていくことになってしまったのであるから……、このことで脳の総括・統括の構造に大きな変化が起きていくのだから。そればかりでなく、幾度も幾度も諸々の樹木に登り下りすることによって、サルの脳は、それまでの大地上の生生・生成発展の反映しかなかった哺乳類としての脳が、樹上生活かつ地上生活の双方を繰り返す流れの中で、特異な構造を持つことになっていったからである。

端的には、それは他の哺乳類にない、対象に関わっての「疑問（⁉）といえる認識」を脳が創出することになるものであった。そのことによって、サルの脳は他の哺乳類とは大きく違った構造を持つようになり、そこから哺乳類とは分化した特異な認識を誕生させることになった。

ここの「なぜか」を、一つ二つ説くと、樹上から眺める地上の風景と、地上から眺める地上の風景とは反映の構造が大きく異なるからである。それに何にもまして、樹上では手や足はいわば空中に浮いた状態なのに対し、地上ではしっかりと大地を踏まえているだけに、大きく違っているあなたの認識＝映像かつ脳と、地上で立ったり座ったりだけのあなたの認識＝映像と脳はどれかざるをえないのだと分かってほしい。端的には、地上にいくら近くてもブランコで揺られていほどに違うか、で分かるくらい簡単なことである。

具体的にその認識は何かといえば、通常の哺乳類の場合には、本能によって外界を五感覚器官に関わって反映させた認識を、これまた本能によって総括・統括して行動するだけの生活の連続であったが、サルの場合は、それとともにもう一つ、本能に関わらない認識を誕生させることを、学習していく（学習させられてしまう）ことにもなったのである。

これがどれ程に大変なことなのかを分かっていくことがとても大切である。具体的には、たとえば看護学生のアナタが、大学で先生に授業科目をしっかりと教わりながら学ぶだけだった生活が、卒業して独り立ちしながら、患者や相談者に関わって、あまり豊富とはいえない知識を基にいろいろな問題に出会いながら、苦心惨憺（サンタン）して答えを患者たる相手に与えつづける生活となってきたこととの違いで想像してほしい。

教科書の知識がほとんど役にたたないアナタは、どう相手の悩みに答えていくことができるであろうか……。哺乳類の流れから大きく変わらざるをえなかったサルは、まさにそんな状態だったのである。その結果、本能とは違った本能外の五感覚器官を通しての映像＝認識を、サルは描くように（描かざるをえなく）なっていったのである。

第三節　脳は生きることを総括し、統括するものとして誕生、発達してきた

前項で、哺乳類の脳、特にサルに関わってを説き始めたのは、私達人間がなぜ夢を見ることができるようになったのかを説くためではあったが、実はこれすら読者諸氏に、より見事な頭脳の働きを修練してほしいという思いもあってのことだった。

したがってここではもう少し、サルの脳がどのようにしてヒトの脳へと進化し、さらに私達人

間の脳へと発展できたのかの過程を辿ることによって、私達人間の脳をそして頭脳をどうしたらより見事にしていけるのかを説いておきたい。

頭脳の働きは、学習された文化の自分なりの働かせ方も相当にあるのは「確か」である。しかし、である。頭脳の大本は脳の実体としての働きそのものである。したがって、「毎日のように脳をしっかり整えていき、脳そのものが元気であり続けるようにしていく」ことを行い続けないかぎり、大事な頭脳活動はいとも簡単に衰え、老いていくことになろう。

簡単には、新しい発見レベルの頭脳活動がなくなっていくのである。大事なことは、「脳トレ」みたいな頭脳の訓練よりは脳自体をしっかり（見事に）保つべく努力し続けることである。

以上をふまえて、まともな頭脳の創り方ではなく、まともな頭脳活動が何時いつまでも可能であるような脳の大本的実力を培い、衰えない方法を説くことにしてきた。

そのためには哺乳類の中でなぜサルだけが、いうなれば知能レベルが高くなっていけたのかを、「生命の歴史」を中心に辿って分かっていくことが大事なのである。サルからヒトへ、そしてヒトから私達人間への進化を、単にサルの脳がヒトの脳へと進化し、ヒトの脳が私達人間の脳に大きく発展できた、という事実は、たしかにその通りであるが、これを考古学者や人類学者といった人の言葉のレベルで学び覚えていくと、どうにもならなくなってしまうことになる。

それ故、必ず「生命の歴史」を自らの人生の生き方として辿り返すことが必要である。すなわち、諸氏はサル以前の哺乳類の脳が、どうしてサルの知能的脳へ進化できたのかという「出来事」から問い直して自分の生活の中で脳を整えるべく身体の運動を計っていくべきなのである。

その出来事とは「何」だったであろうか。ここでしっかり問うべきものは人の脳や頭脳ではなく、生命体としての「脳の誕生」であり、そしてその進化の事実的過程である。脳は魚類で誕生したことは知っている筈である。少し歴史を遡ってみよう。

脳はなぜ魚類で誕生することになったのかを端的に説けば、生命体が、地球の大変動によって大河、大海という深く、大きな流れとなっていった水の中で、大きく運動しながら移動をする必然性が出てきたためであった。まずここを、しっかり分かってほしい。たしかに脳の働きは諸々であるが、魚類の脳は、運動そのものの実質に関してはあまり論じるべきことはない。これは運動に大きく関わる筈のヒレを見れば誰でも分かるように、水中では魚類は、「浮く」だけに対応していたクラゲ類と異なり、泳ぐことに対応した運動が発生したといってよいのである。しかし、この泳ぐという運動は、水流に順応かつ抵抗できればよいのだから、両生類・哺乳類に比すれば、それ程のことではないのだが……。

問題は、そこにあるのではなく、泳ぐためには「何か」を誕生させることになった、という一大事である。結論から説けば、泳ぐことを「総括しながら統括する」あるものを誕生させることが必要となった。それが、脳なのである。たとえれば、原始共同体では必須でなかった、オリエントにおいての帝王（エンペラー）の誕生であり、これが脳の実質・性質である。国家の総括・統括を帝王の権力を主軸として行うように、脳はいわば帝王権のごとくに身体全体の総括・統括を行っているのである。魚類でここを説けば、帝王権はしっかり分かっていくことになろう。

魚類は泳ぐことが主題である。泳ぐとは、場所の移動であり、エサの捕獲である。加えて、魚類は誕生地（水）を離れても本拠地へ必ず帰ってこなければならない。誕生の場所（地・水域）が地球との本当の接地（水）点だからである。したがって、場所から出て場所まで戻る長路を泳ぐということは、それなりの程度の運動能力としての身体が必要である。

ここは少し、小分けしながら説くことにしたい。

海流をまともに連日泳ぐためには、それが可能な筋肉が必要である。それもどんなに泳いでも大本の体形に戻る（魚の形態が崩れないための）、筋肉の剛直さと柔軟さの両方が必要である。この筋肉が見事に成育でき、かつ成長・運動するには、それをしっかり支える土台が必要となる。これが骨格としての骨である。骨は、筋肉がどのように運動しても（どのような海流の荒波に出会っても）、筋肉の歪みをしっかり元へ戻せる役割を果たすものである。

また内臓の生理構造に異変をもたらさないようにガードするものである。そして、これらのすべての姿や形がまともであるように（歪むことのないように）保護するのが皮（膚）なのである。もちろん皮（膚）は当然に外界の反映、相互浸透をしっかり保つためのものでもあるのだが……。

以上、海流を泳ぐために必須である、筋肉、骨、外皮（皮膚）について簡単に説いてきた。

しかしこれだけでは、「海流を泳ぐ」という運動を生活レベルで続行することは到底できるワケがない。何が不足しているかは分かる筈である。答えは、生活のための体内の食糧供給、すなわち全細胞への栄養補給である。端的には血液である。この血液の循環が説かれていない。

当然に魚類には血液の循環が必要である。そしてこの血液は、身体のすべてに行きわたることが大事（必須）である。では、何がこれを循環させるのかの第一は心臓である。となると、心臓は独自のものではなく、内臓の一つであった。内臓を図式化レベルで説けば、簡単には血液を製造して、循環させて、役割が終われば、体外へ排出となる。

次は、生命体はすべて、地球との相互浸透が必要不可欠である。地球との相互浸透とは、分かりやすくは、生命体に必然的な地球のあるものを生きるための食糧とすることである。端的には、まずは大気である。呼吸をしなければならない。そして水を飲まなければならない。

当然に、鼻と口が必要である。それも魚類の場合は、荒波になってもきちんとできることが可能な形式が大事である。ここまでなんとか魚類の身体のあり方を説いてきた。

しかし、まだ不足しているものがある。それは生活レベルで泳ぐためには、「泳いでいる、かつ、泳ぎ渡っていく諸々の水流の性質」を知る感覚が大事である。

端的には、感覚器官が必要である。目とか、鼻とか、口とかの、である。まだある。魚類も一代では死に絶える。当然に子どもを産み、育てることも大切である。身体の日々の生まれ変わり（細胞分裂）も大事である。細かくは、まだまだあるが、大きくは以上である。

以上の諸々の身体のすべてを一括的に総括できなければ、魚類とはいえない。加えて、以上の総括の上の統括も必然的である。この総括・統括を一体として行うのが、脳の最高最大の働きなのである。だからこその、脳の誕生だったのである。脳の働きは自ら指令を出して総括・統括を一瞬に実行できる、分かりやすくたとえればＡＩレベルの巨大コンピューターの働きなのである。そして総括・統括を一瞬にして実行する指令系統、命令系統が全身的神経系統なのである。神経はその先の指令を、ホルモンを総括・統括してこれまた実行しているのである。

以上を簡単に説けば、脳は神経系統を通して、筋肉、骨、皮膚、呼吸、食事、血液循環、細胞分裂（再成）、内臓（五臓六腑）の総括・統括（同化・異化・排泄）、感覚器官、子どもの誕生のすべてを、瞬時かつ連続的に一括総括・統括して行っているということである。

全く簡単な説き方なので、諸氏がまとも、かつ、はっきり分かることはなかなか困難であろう。それだけにここは、しっかり分かってほしいことを、まず一つだけ説いておきたい。

それは、以上のすべては「脳の働きによるものである。だから、脳の働きが万全になるような生活を私達人間はなすべきだ」ということである。

また以下のこともすべて、そのために説くのだと分かって読み続けてほしい。そうでないと、「どうして、こんなくだらないことを説き続けるのだ」となりそうだからである。

次は両生類へ進むことになる。ここで両生類についてまじめに説いておくことがある。

それは、両生類の元々の文字は両棲類となっていたことである。そもそも両棲とは簡単には、二つの異界で生活可能ということである。端的には、水陸両用の生物だということである。そのためには、水用の魚類のエラと大きく異なった肺が必要となってくる。もっとやさしくは、呼吸のためにエラの他に肺が誕生させられ、二つの呼吸法を用いることになる。そればかりか、両生類になると身体も大きく変わってくる（変える必要がある）。ここはカエルで分かるように、水陸両用の四ツ足が必要となるのだから。すなわちそれは、二重性のものである。

一つは、魚類みたいに水中できちんと運動できなければならないため。

二つは、加えて陸でもまともに動き回れるような運動ができるようになっていくため、である。

以上で分かるように両生類は、硬軟両様の四ツ足が必要となっただけに、脳の働き（実力）が魚類と比べてとんでもなく大変なものを要請されることとなる。それ故、である。当然に脳も大きくじっくり、かつ、しっかりと発展させられていくことになるのである。

次は哺乳類である。

哺乳類の大きな特質は、卵生でなくなったことである。卵生とは、母体から離れた卵がそれ自体で子どもまでの成長を遂げ、そして生まれてくることである。分かりやすくは、母体と子どもの誕生は相対的独立といってよい。しかし、哺乳類は母体の中でのみ卵から子どもを育て、月満ちて赤ん坊誕生となる。

だが、である。なぜそうなったのであろうか。端的には、二つの理由がある。

一つは、地上の変化が甚だしくなってきて、卵として地上で生まれたら、成育不可能となるくらいの生活過程の変化、簡単には、同じ場所での生活が不可能になる、つまり、地上のあちらこちらを転々としなければ生きていけない程の大変化が起きてきたことによる。

二つは、両生類までは、そのような大変化がなかったので、同じ場所での生活が可能であった分、卵生でよかったのだが、哺乳類は地上の大変化を遺伝子レベルでも保つ必要があり、卵も胎内であり、生まれても母乳を必然性としなければ生存が不可となったのである。

哺乳類は、両生類時代に陸地が泥沼から泥地へと変化する過程で養った（培った）、四ツ足の修練状態の結果をふまえることによって、かつ、加えて、大地が泥地から草地ないし乾いた土地へと変化していくようになったことで、それらの中を動きかつ走り回ることが可能となるべき、これまた特別の脳の発達を見ることになっていくのであった。これには、「エラ肺」呼吸から、「肺」単独呼吸に併せて皮膚（体毛）呼吸すら可能となったことも、脳の実態を強化する必要ができていったのである。

分かりやすく説けば、このことによって四ツ足で大地の種々雑多な場所へのすばやい動きを可能とするような、脳の実力を持つようになっていったといってよい。現象的には、泥地で培った四ツ足の運動の実力を、大地を疾駆する走りへの運動能力へと転化させていったのである。

これは現実に見るだけでも分かりやすい、モノ凄い運動力への大進化であるだけに、五感覚器官の発達も、相当のものがあった。特に大変な進化は眼の力の大いさである。

では、このような哺乳類としての脳の実力は、サル類への進化としてはどのようなものとなっていったのかを、ここでしっかり問うことが大事である。

それは四ツ足の単純な疾駆する運動的な動きが、本当に複雑な運動能力へと転化することになっていくのである。

哺乳類は、四ツ足をただ複雑な大地を疾駆し、食をとり、自分の場所へ帰るレベルで動かすものであった。これに比べてサル類は四ツ足の使い方が大きく違っていった。簡単には、大地の運動はいわば平面的といってもよいであろう。だがサルは樹木の上での移動生活という、立体的な四ツ足の使い方へと大きく変えていくことになるのである。

これは四ツ足↓四ツ手、二ツ手＋二ツ足↓四ツ足といった諸々の使い方への大変化である。端的にでも説くべき必要なことは、哺乳類の中から特殊哺乳類としてのサルが誕生できた理由、次にサルがヒトへと進化した理由、そしてヒトが私達人間まで発展した理由である。

以上までの中心課題は「なぜ、魚類に脳が誕生したか、そしてその脳の実力が、魚類↓両生類↓哺乳類↓サル↓ヒト↓私達人間へと、どのような内部構造の違いへと発展したのか」、である。

一般論としては、生命体の自らの身体の運動性の発達・発展が理由である。

具体論としては、その運動性は生命体の直接的な外界の変化に適応（相応）すべく対応すること、すなわち姿態的に異なる発達・発展を行うべく進化していくことになったのである。

では、どのように関係しているのか、である。一般論として答えれば、自らの生活に適合できる運動の形態で、となる。具体論としては、運動の形態・姿態が外界の変化にしっかり関われるというか、外界のあり方に関わっての運動は、形態を変えるしかなかった、となる。

第四節　哺乳類一般と特殊哺乳類サルの脳の働きの違いは何か

話がずいぶんと脇へそれたが、肝心の問題は生命体が映像を創る脳の話であった。脳が哺乳類一般と、そこから抜け出たサルの脳との違いは何か、それはどういう過程を経てそうなれたのか、であった。ここでようやく、哺乳類の四ツ足とサルの四ツ足の違いを説くことになる。

哺乳類はすべて、その群らしく同じように動けるが、これらに一つだけ、まず、「どうにもできないこと」がある。それはまともに木に登り下りすることはできない、である（もちろんリスのように例外的なものもある）。故に、慌てて（まちがって）木に登ってしまった猫などは、下りてはこられなくなるのである。しかし、哺乳類できちんと木にそれも樹木に登り下りできるものがいる。それは、誰もが知っているサルである。これは小学生なら知っている常識だが、サルは通常の哺乳類よりアタマが良いといわれている。

では、どうして哺乳類の中でサルはもっともアタマが良いとなったのであろうか。正確にはどうして哺乳類の中で特別に、霊長類といわれる程にアタマが良くなったのであろうか。

答えは諸々あるにはあるが、学的レベルでの解答、すなわち本物の答えは「まだ出ていない」ので、ここもまともに説いていこう。

サルはなぜ哺乳類の中でアタマがすごく良いのかの問題を考える場合に、もっとも大切なことというより、第一に思うべきことは、では「アタマとは〝何〟なのか」を問うことである。

ここでサルの場合にアタマというのは、比喩のような言葉である。実際は、アタマとは私達人間の頭脳のことである。頭脳とは当然ながら脳の働きである。私達人間の場合、脳の働きには二重性がある。本能としての働きと、いわゆるアタマとしての働き、である。アタマとしての働きは、教育・学習による効果である。

だがここでは、まずアタマではなく脳そのものの働きから説くことにしたい。脳の働きである本能の働きには、これまた当然のことだが二重性がある。

脳が本能としての働きをなすものには、二重性が存在している。


一つは、生命体として、単細胞時代から何十億年という年月を経て連続して生き続けられているための生理性的本能である。

二つは、同じように生命体としての本能の運動性としての働きである。

もちろんこの働き（運動）は直接的な同一性としてなされている。すなわち、この両者が個別的に働くことはまずありえない。それだけにこの二重性を直接に目で見てとることはできないのだが しかし、学的レベルで究明するには、しっかり分けてみる努力をなすことが必要である。

ここは、サルの問題なのでサルの脳の問題として、実体としての脳の実態を見ていく。

哺乳類一般と特殊哺乳類であるサルのもっとも大きな違いは、当然に四ツ足の使い方にある。

哺乳類は、頭を前方にして四ツ足を大地に前足・後足としてしっかり立って生活をしている。ところがサルは、たしかに前足・後足を四ツ足として使うこともあるが、哺乳類と大きく違うのは、前足を両手として、そして後足も、時としては両手としても用いられることである。簡単には、四ツ足の場合、二ツ手＋二ツ足の場合、四ツ手の場合と複雑な使い方ができる上に、樹上での生活もしっかり行える。

このように説くと、「分かりきったことを、ワザワザどうして！」との疑問が諸氏に出てくる筈である。「諸氏の疑問は正当なのだが、世界的にこの正当な疑問に対するまともな解答は、いまだかつて誰も出せたことはない」から、である。

脳というものを一般的に説くならば、全身体の総括・統括を直接的同一性として行うものである。総括・統括とは全身体のあらゆる部分を脳の本能が思ったようにしっかりと働かせるためである。ここで「思う」とは、比喩である。総括とは、全身体のあらゆる部分から上ってくる情報をしっかりまとめて脳に伝えていくことである。

もっと説くなら、統括とは脳が本能の働きで全身体のあらゆる部分を動かす（働かせる）こと自体をも、しっかりと見張っていっている、ということであるし、総括とはそのしっかり見張っている出来事のすべてが、その通りになっているか、なってきているかを全体的にまとめあげて、脳に伝えることでもある。まずこのことをしっかり分かってほしい。

そして、この総括・統括はどちらが主人公というわけでもなく、共に主人公であり、情報は共有されていくものである。すなわち、相互に規定され、かつ規定するかのように同一性レベルで働いているのである。

簡単には、哺乳類の全生命体はこの通りに一生を過ごしている。これは生まれてから死ぬまでである。それ故、哺乳類の脳は端的（一般的）にいってその本能のレベルの大きな変化発展を起こすことはまず「ない」といってよい。一般性として、特別な変化発展が起きる場合は、自らの母体たる地球の変化発展が激変レベルで起き続けることで、である。

では、特殊哺乳類であるサルはどうなのかが問題になる。

哺乳類は、地上の状態に順応・対応レベルで生活をするような本能となっているが、サルは少し違うのである。なぜなら、サルは地上と樹上の二重性を把持しているからである。この二重性とは、地上での生活と樹上での生活は大きく異なるということである。サルは一般的に樹上の生活を多くし、地上の生活は少し、である。何を説きたいのかは、樹上の生活と地上の生活では脳の働き（本能の総括・統括）が大きく違ってくる、ということである。

第五節　サルは樹上生活で脳の働きが大きく変化してきた

魚類と哺乳類の脳の違いは、外界に関わる運動の違いだといってよいものである。

魚類は当然ながら水の中の運動だけである。水の中では物体としての魚類の身体は軽くなる。

しかし、である。哺乳類は大体、陸上（大気中）での運動であるから、大気の圧力・地球の重力もあるだけに、身体は重く感じられ、それだけに大地を駆けめぐるのは、水中の魚類に比して大変なことである。

その大気中での運動をまともに行うだけに、脳にはそれ相当の実力が要求される。まず脳に求められる実力は、大気中で身体を十分に駆使できる運動能力であり、加えて、その身体的運動能力を何時間も保つための内臓の運動力に対応できる（耐えられる）実力である。簡単には、魚類は哺乳類に比してここの部分は少量でよいわけである。それ故、内臓の実質も哺乳類に比して、それ相応に低いレベル（浅薄）でよいことになる。

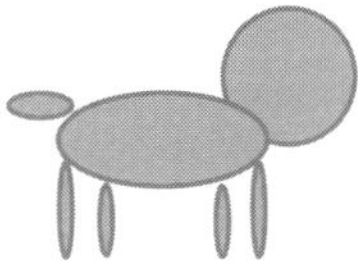
〔図Ⅰ〕　哺乳類一般

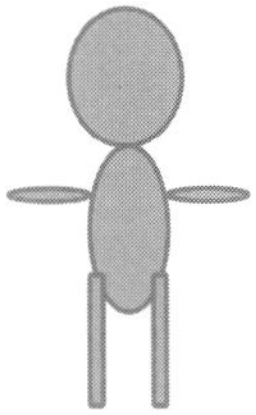
〔図Ⅱ〕　サル一般

このことは身体が浮く水中での魚類の運動に関わるヒレの働きと、大気中の野山を駆けめぐる哺乳類の四ツ足の働きの運動力は、少し思ってみただけで、誰にでも分かることである。

次は、哺乳類の四ツ足とサルの四ツ足（状態に応じて、二ツ手＋二ツ足ともなり四ツ手がいにもなる）である。〔図Ⅰ〕と〔図Ⅱ〕を比較してほしい。

見て比べるだけでも何が違うかは分かる筈だが、少し説明しよう。〔図Ⅰ〕では、体重がいわば均等に四ツ足にかかっているので、立ちやすく、動きやすく、大気抵抗も少しである。〔図Ⅱ〕では、二ツ足に体重がしっかりかかっているので、足の負担は大きくなっている。動きも二ツ足では、大気抵抗が大きいのであまり動けず、走るにはほとんど四ツ足で！　となる筈である。

哺乳類の四ツ足は大地（地上）を見事に走り回るためのものである（もちろん、エサを摑まえる場合は前二ツ足＋後二ツ足と分かれる）。だが、サルの四ツ足は樹木用といってもよいくらいに木の登り下りに偉力を発揮している。簡単には、サルはスルスルッと木に登って、かつ、下っていける（これが人間の木登り・木下りと大きく異なるところである）。つまり、サルは自分の重さをあまり感じることなく木の登り下りがたしかにできている。

しかし、である。これは現代のサルのお話なのである。なぜなら元々、単なる哺乳類だった祖先的サルが、生活過程の異常さ故に、結果として哺乳類と大きく異なっていった筈のこと、だから。

「では、どうしてサルは現在では簡単に木に登り、下りられるようになり、加えて樹上生活ができるようになったのか」を簡単にでも説く必要があるだろう。

サルの樹上生活が可能になるまでの過程は、これは地球の生命体の発展途上においての、いわゆる草木が樹木へと発展的成長を遂げるまでの過程でもある。仮に地球上に当初から樹木なるものがあったのだとすれば、サルの樹上生活など、けっしてありうることはなかったのだ、といってよい。

これらは、まさしく人間が赤ん坊時代に仰向けの生活を全く持つことがなかったかのような怖いものだからである。サルは草木とともにの生活が、その草木が樹木へと巨大に成長する過程で、ともに四ツ足を四ツ手までに発展・発達させていくことが可能となった過程をしっかりと持てたが故、なのであった。

簡単には、四ツ足が四ツ足として共同的統一的に使われていた哺乳類のレベルから、サルになっていく哺乳類は、草木の大変化（一例として、考えられないくらいの野山の不意の火事など）に関わるしかない出来事によって、四ツ足が二ツ手、二ツ足となったり、また四ツ足に戻ったり、そしてその四ツ足がまた二ツ手、二ツ足となるという繰り返しの中で、三ツ手と一ツ足ともなっていく過程をもふまえて、四ツ足もそして四ツ手としても大きく発達していくことになった、ということである。

また少し話はそれる。しかし、である。このサルの場合、ここの進化過程の場面では特に背骨をしっかりと強化しなければならないこともなかった（元々、丈夫そのものであった）し、また当然ながら、それだけに、首の据わりを鍛える必要も全くなかったのである。ところが、私達人間は、人間体としてしっかり成長するためには、このサルの四ツ足から四ツ手の過程をしっかりとふまえなければならない。そしてこれは、そればかりでなく、四ツ足から四ツ手の過程を、これまた二ツ手、二ツ足にまでもっていく過程すらしっかり持たなければならないのである。

そしてこの過程をふまえるためには、これまた当然に「首の据わり」が可能となるある程度の時間帯と、それが可能となる修練期間が必要となるのである。

それをもってして、赤ん坊時には仰向けでの四ツ足運動、四ツ手運動を直接的同一性として行う、両手・両足の天井へ向けての大きな動きなどの修練で、背骨の強化と手や足の付け根の強化と柔軟性、及び首の据わりの基本が形成されていくことになる。

話を戻す。サルの四ツ足（状態に応じて二ツ手二ツ足、四ツ手まがい）の効用を説いていこう。哺乳類は一般性として、ほとんどが四ツ足の全くといってよい程に同じ使い方である。起き上がる時、ゆっくり歩く時、寝る時、エサを摑む時は違うが、走る動作は同じといってよい程である。それだけに、外界的運動としての脳の働きは、本能レベルからほとんど発達はなかったといってよい。哺乳類の一般性の外界の運動は、大地を走り回ることと、獲物をとることに費やされてきたからである。

では、サルはどうであろうか。何回も説くように、サルは木登り、木下り、樹上での生活が一般性である。となると、脳の働きとして〝何〟が哺乳類一般と異なるのかは、〔図Ⅰ〕と〔図Ⅱ〕を比較しながらもう一度説いてみよう。まず立ち方である。

哺乳類は四ツ足で立つのが一般性であるが、サルは立つのは二ツ足か、木にぶらさがる（しがみつく？）であり、四ツ足は歩く（走る）時である。それだけに、哺乳類の頭部は前方に位置しているだけであるが、サルは身体の上部、というか、顔面が立つ体形になるのが普通である。「それの〝何〟が問題なのか」と問われそうである。これは大きな問題なのである。脳の実態というか、外界からの反映が大きく異なってくるだけでなく、その異なって反映してくる外界への問いかけが、大きく一般哺乳類と異なることになるからである。

また、話を戻すことになる。それは、外界の反映と外界への問いかけの問題をどうしても説くべきだからである。

「外界の反映と問いかけ」という文字を並べると、『弁証法はどういう科学か』の読者だったら、「外界の反映・問いかけって簡単なことだろう。そのようなことはよく知っている」との反論が出ると思う。それでも、ここでどうしても説く必要があるのである。

読者諸氏。外界の反映というのは、たしかに外界からの反映であるが、その具体的な事実レベルの構造を本当に承知だろうか。外界からの反映は、五感覚器官を通してなされる。そしてその五感覚器官は、視覚、聴覚、触覚、嗅覚、味覚の五つに分かれている。

本来ならば、単細胞から説くべきだが、今回は哺乳類からにしよう。

哺乳類の五感覚器官すなわち視覚、聴覚、触覚、嗅覚、味覚は、〔図Ⅰ〕にあるように通常四ツ足として、大地の身体感覚への反映としてなされている。但し、この反映は当然ながら、本能としての脳の働きによるものである。それだけに、脳の本能的な実力が低ければ、反映もその実力レベルのものとなる。また、五感覚器官のそれぞれのどれかの実力が低ければ、これまたその歪んだレベルの統一でしか感覚できないので、脳の実力が立派なものであっても、反映する外界はなんとも不適当なものになるのである。

別の言葉で説けば、外界的対象の反映は、五感覚器官が反映した感覚神経系統を通して脳へ伝わり、逆に脳は五感覚器官の感覚を一般的にしっかりと受けとるべく働いているものである。

それ故、目の調子がおかしかったり鼻がグズグズしていたり、耳が傷ついたりしていれば、当然に感覚の歪みとして、そのレベルで脳は受けとるということにもなりかねないことは分かる筈である。そうした正常的と異常的とで反映は少し、あるいは大きく異なるのも分かる筈である。

しかし諸氏のここの理解は、言葉の上でだけのレベルであろうと思う。

なぜなら、その正常・異常の反映している脳の中の映像がどうなっているのか、どうなっていくのか、あるいはどうなってきてしまったのか、その結果、諸氏の脳の映像がどのように確定的に形成されることになり、諸氏の脳の働きと諸氏の脳の中の映像の働きがどのようになってきたのか、現在なってきているのかは、諸氏にはほとんど分かりようがない筈だからである。

第六節　サルは樹木への登り下りを繰り返す過程で脳の実力が向上してきた

ここで哺乳類の五感覚器官の説明で忘れてならないのは、四ツ足で立ち、四ツ足で行動（生活）しているという点である。これは、外界の反映は絶対的な平面性を持っている。ここを念頭に置いて、特殊哺乳類とされるサルの説明である。

〔図Ⅱ〕のように、サルは立つという形式の姿勢をいわば自然にとれる。この特殊哺乳類であるサルは、一般的哺乳類と何が異なってきているのであろうか。簡単には、脳の実力である。では、なぜそのようになったのであろうか。

サルの一般性は、木登り、木下り、かつ樹上生活である。サルが木に登れるようになったのには、複雑な地上の変転がある地帯だったからであるが、今回ここは問題にしない。どうしても問題にすべきことは、

①サルが木に登り、かつ木から下りることによって派生してきた（くる）ことによる、一般的哺乳類の脳に比してのサルの脳の実態の大きな変化であり、

②木登り（木下り）によって起きてきた血液の循環過程（循環の運動性）の大きな変化のことであり、

③その過程・結果においてのサルの内臓の発展的・改革的一般的実力の変化（変転）である。

このように説くと、「なんのことだかさっぱり」と諸氏は思う筈である。

それ故、もう少し説くべきであろう。

一般的哺乳類の運動（生活過程）は、諸氏が犬や猫などを見聞きして分かっているように、四ツ足の動き（働き）は大体において、いわば同じようなものである。しかし、特殊哺乳類であるサルは、強調気味に説けば、一般的哺乳類とは全く違った動き（働き）をしている。それをはっきり見てとれるのは、食事の時と、樹木での動きである。

ではどうしてサルはそのような大変化的動きが可能となったのであろうか、を問う必要がある。ここで、諸氏にいいたい。それは以上の文章を繰り返し読んでからは、諸氏の〔図Ⅰ〕〔図Ⅱ〕の見方が少しだけ違ってきた筈である、と。

四ツ足で立っているのと、二ツ足で立てているのとの違いなのか、と。その通りである。四ツ足で立つのは容易である。理由は分かる筈である。端的には、土台の安定度が大きく違うからである……。では、サルはどうして二ツ足という不安定な立ち方をとるようになったのか、加えてそれが可能となったのかも問題である。

だが、今回はここも通過して、まずは木に登るということの意味を考えるべきであろう。

犬や猫などの哺乳類では、木に普通に登れる筈はない。サルが登れるのには、それなりの進化過程があった筈であるが、ここも通過して、木に登れるようになる過程で何事が起きたのかということがまず問われるべきである。なぜなら、どうしてサルはアタマが良いのかが、そして私達人間が、自分の努力でアタマが衰えないようにするにはどうすべきなのかを分かっていくことこそ、ここでは大問題にすべきなのであるから。

それはともかく、アナタが木の前に立って木に手を掛けようとしてみると、木に登ることがどれ程の大変さかは誰にでもすぐに伝わってくる。でもサルはしっかり登れるようになっていったのである。ここにどのような努力があったのであろうか。木の前に立ったアナタは、木のどこかに手を掛ける必要がある。そこで木に手を掛けようとした場合、大きな幹ではまず無理なので、大枝か中枝に手を掛けることになる。しかし、手が木から離れると、その「アナタ」は直ちに木から落ちてしまうだろう。そして落ちたら、必ずケガをすることになる。これは思っただけでも怖い筈である。

だが、である。サルはなぜ怖くないのであろうか。答えは単純である。サルは何十万年ないし何百万年あるいはそれ以上の歳月を、樹木上の生活を経ることによって、脳にそのような、つまり怖くないどころか楽しい（？）との本能レベルの遺伝子が中枢として育っていって、結果的に遺伝子そのものになってしまった、つまり、樹上生活が哺乳類の平地同様の感覚が育っていき、そうなっただけのことであるから。端的には、木登り、木下りが当たり前になるまでのその長い長い歳月が、サルの脳を哺乳類レベル以上のヒトに近い実質を持つような遺伝子を創りあげてくれた、ということである。

ということで、では木登りから説いていこう。

一般的な哺乳類を知っている諸氏であれば、それらは木登りは到底できないことは分かっている筈である。

理由は、哺乳類の四ツ足(の構造)では木にとびつく(とびかかる)くらいが精一杯だからである。つまり、木に登る(登れる)ためには、四ツ足の中の二ツ足をせめてもの二ツ手レベルに使えることがなんとしても必要であるから。サルへと進化できていく哺乳類は、このように、まずは四ツ足のどれかを手の働きに転化していくことになった筈である。だがそのことで、では一体、サルの何が変化(進化)していったのかを、ここではどうしても問うことになる。

結論としては、これは脳の怖い程の実力の向上、すなわち、脳の実体と機能の怖いくらいの発達(進化)である。

しかし、ここを諸氏が分かるためには、弁証法レベルの過程性の実力を用いて「思い、かつ、考えていく」努力が必要である。

そうでないと、諸氏にはほんの少しも理由は分かることはない、といえるからである。

第七節　サルは樹上生活によって大地からの反映が当然に不足するようになった

四ツ足としての哺乳類は、四ツ足としての両生類からすれば、脳に大きな発達(進化)があった。すぐに分かるのは、エサを求めての広大な大地の幾重にもの走り回りであり、かつ、エサとならないようにとの幾重にもの強烈な逃げ回りの実力である。

このことだけでも、両生類と大きく違うことになっていったといってよい。そのために、四ツ足の哺乳類は〔図Ⅰ〕のように、頭部は前方にあり、目は頭部前方の左右側にある。まだ走り回りの真っ只中においても、それがあまり影響しないように内臓は下向きにゆったりと大地に面して、走り回るに際して用いられる筋肉の強烈な動きが直接的に伝わりにくい（ゆるやかなので内臓の働きがまともになるような）仕組みになっている。

しかし、である。サルは、ほぼヒトと似たようなものである。これはどういうことなのか。哺乳類の外界は簡単には、地上が太陽系に大きく囲まれていることである。

それだけに一言では、太陽と月による地球の状態的反映が本能の大本となる。分かりやすくは、日中は「お日さま」の影響を受け、夜は「お月さま」の影響を与えられ、この二者に台風を含めての大気の状態が朝から晩まで（四六時中）からみ、時として火山と地震で巨大な外界の変革がもたらされることに関わる、生命体の維持としての本能が一般的には形成されてきている。

ここで一般的に形成されてきている、と説くのには理由がある。それは現代においては、このことは無視してもよいくらいに、本能が歪みを呈することになってきているからである。

理由をもっと説けば、「私達人間は、私達人類の社会生活の発展のためには、なんとしてでも自然を破壊していかなければならない、と思える程の長い年月にわたる地球上の大変革」をなし続けてきたことによって、哺乳類の誕生かつ成育したかつての「自然」は、現在その面影すらどこにもないといってもよい程になっているのだから。

一つ例を挙げれば、食事すら、本能を保つには程遠い、諸々に手を加え、物を合成して作る料理的な、かつ、遺伝子改定的なものに代えられている。それだけに、大学研究室や自然のサルがいるとされる南九州の小島とやらで、どのようにサルなるものを研究してみても、原物が、本物のサルではなく、人間が変化させたサルでしかないだけに、出てくるデータはあまりというより、ほぼ人工的になっており、ほとんどあてにはならない。もっともそうはいっても、このサルは人間用の薬を創作・創出するには大きく役にたつことだけは全く「確か」である。

人間である私達にとって、太古（？）のサルに進化していった哺乳類の詳細な流れは、私達の人生計画にどう役にたってくれるのであろうか。

〔図Ⅰ〕から〔図Ⅱ〕へとなった特殊哺乳類の、生理構造レベルでの変化を少し見てみよう。〔図Ⅰ〕の四ツ足的哺乳類の大気は前方から後方へと流れていくだけである。もちろん、これは哺乳類の静的状態を平面的に捉えてのお話である。したがって一般的哺乳類は魚類同様に簡単に呼吸が可能である。

しかし、である。サルの場合は、大きく違うのはすぐに分かる筈である。樹木に登れば登る程に、少しずつ大気の状態が違うからである。高さが哺乳類に与える影響は五感覚器官の働きにも当然に影響がある。起きている時、寝ている時、横になっている時、歩く時、走る時、山の登り下りの時、経験していればこれはすぐに分かることであり、単に「見る」「眺める」、これだけでも大きく違うのは誰にでも分かる筈である。

だが、サルはこの違いをほとんど感じることなく（!?）生活できている。ここまでになるのに、サルの脳と内臓の働きにどれだけの変化があったのであろうか、という問題である。

しかし、その前にもう一つ大きな問題が横たわっている。

それは、外界の反映である。四ツ足は四つのそれぞれの足の反映があるが、サルは四ツ足、四ツ手、二ツ手＋二ツ足、二ツ足、二ツ手といった足の状態の外界の反映がある。

簡単に話を進めよう。四ツ足と二ツ足との大地の反映はどう同じでどう異なるのか、それが、どのような脳の変革をサルにもたらしたのか、がまず問題となろう。結論的な解答は、哺乳類から大きく進化していき、本能の単なる働きからではない、少々本能から独立した形でいわゆる「思う」ことの可能な脳となっていった、ということである。

もう一度、〔図Ⅰ〕と〔図Ⅱ〕を見てほしい。

〔図Ⅰ〕は四つの足から大地の反映（情報）がまともにある。これが一般的哺乳類の脳へ伝わっていく。これはいつも、いつも（四六時中）である。脳はいわば情報を溜めるための容器でもある（といってもよい）のである。

もっと説くなら、脳は四ツ足の四つからの情報でいつも満たされている（べき）ものである。パソコンは、「いっぱいいっぱい」の情報となっていたら、動きが初め程には早くならない筈である。これはいうなれば「情報が満杯の状態」だからである。しかし、パソコンは満杯の状態では使いづらく、大いに困るので、不要な情報はカットできるし、カットすべきことである。つまり、パソコンは常に空白がなければ困ったことになるだけだから、当然に不要となった情報はカットすることになる。

しかし、人工物のパソコンと大きく異なり、生命体の脳は常に満杯でこそ、生命体としてまともに生活できるのである。そうでなければまともに生きてはいけない。同じく、一般的哺乳類（魚類も両生類も）は、脳はいうなれば満杯の常態である。これが大地から四ツ足へ、四ツ足から脳への情報状態である。ここに変化はまずありえないのである。

ところがサルには、その情報状態に少しずつ変化が出てくることになる。

それは大地からの情報は二ツ足情報となるか、樹木ではゼロに近くなり、情報は樹木状態のものが主体となるからである。これは、脳自体としては（本能の実力養成状態としては）少し困ったことになる。パソコンは満杯だと情報が組みこめないので困るが、脳は満杯でないとまずいのである。本能はいつもいつも情報が組みこまれながらも満杯であってこそ、しっかり本能として働けるのだから。

説いているように、サルは四ツ足からの情報が少しずつながらも減ってくるようになり、樹上生活が長くなるに従って、地上のものは本当に不足状態となっていったのである。さて脳の本能が満杯でなくなっていくと、どうなるのであろうか。パソコンは不足の方がよいのだが、本能は満杯がよいのである。では、サルの脳はここからどうなっていくのであろうか（!?）。

簡単に説いておこう。

サルは地上の哺乳類レベルの脳よりも、脳の情報が少なくなった分、そこを埋めるための情報が必要となり、その情報は、端的には、自らのそれまでの本能的だったものに、自らの意図せぬ（!?）問いかけ的反映が始まっていくのである。これが、サルの脳の中に誕生していく「ウン!?」である。ここからサルは、少し、また少しと樹木の生活から地上の生活を求めていくようになる。ここがサルからヒトへの過渡期のサルヒトの脳へと進化が始まっていくのである。

以上の流れによって、端的にはサルは、自分の認識＝思いから外界のモロモロの事象へと問いかける能力を身につけていくことになっていくのであった。この流れの果てに、サルのある特殊な流れがヒトへと発展し、やがてヒトは労働を創出しながら人間へと進化していったのである。そしてこのことは、人間の赤ん坊が成長する流れでも当然ながら見てとることができるのである。

この問いかけ的認識が相対的に独立化して、本当の「問いかけ」が完成し、認識（映像）がきちんと二重化するようになった頃から、人類は「夢」を見ることができるようになっていったのである。結果、現在では赤ん坊ですら夢を見るが、これが「夜泣き」の大きな原因の一つである。

この赤ん坊が夢を見る＝夜泣きの頃の脳の発達＝発育の中身のレベルが、人類の認識の夜明け段階なのである。

さて、問いかけ的認識の原形が将来的に夢の大本になるのだ、という話は大変に難しい流れであったが、一応こんなことなのだと覚えておいてほしい。

ここまで説いてきたことを端的に説けば、第一編で記したように、「夢を見ることは私達人間独特の脳の働きであり、それは、魚類段階で誕生した認識(映像)が、両生類段階の水陸両用の生活過程の中で、脳が五体すべての総括・統括を運動形態の重層構造に関わりながらなさなければならなかった結果、脳自体が運動性を把持するに至り、それが哺乳類段階への発展に伴った認識がより強烈な運動性としての反映を伴うようになって、遂にはサル段階で認識＝映像が多重性を帯びてくるが、最後に人類への道でこの多重性の認識(映像)が相対的に独立するようになっていった、つまり、問いかけの認識(映像)をも創るようになった、ということ、そしてこれが赤ん坊の夜泣きの原因の一つでもある」、となるのである。

第二章　夢へと至る認識（映像）の発展過程を説く

第一節　認識（映像）形成の原点は外界と五感覚器官にある

ここで、簡単に今までの夢のおさらいをしておこう。

夢はたしかに認識（映像）の働きの一つである。だからといって、夢から認識一般なり、個別の認識なりを考えていっては大きくまちがいのモトとなる。そこでまず、夢の位置付けをしっかりしておこう。

まず最初に存在するのは、脳の働きとしての認識である。そしてこの認識は、ともかくまずは外界の反映、すなわち外界が反映していることが原点であり、自分の五感覚器官、すなわちその外界を直接に受けとり続けている五感覚器官があることがもう一つの原点なのだ、と分かることが大事である。この認識（映像）が存在していて、初めて夢というものが姿を現わすのである。

すなわち、夢が現われるのは、この認識（映像）の働きとして！　である。したがって、どんな夢を見るのか、見ることが可能なのかは、その人、その人の認識（映像）の育ち方、かつあり方によって当然のように大きく違ってくるのである。

もう一度、確認しておこう。

認識の原点は二つある。一つは外界であり、もう一つは五感覚器官である。この二つの原点はその人、その人によって大きく、あるいは小さく異なっている。

たとえばここに、一人の学生がいたとする。この学生の場合の外界は、この学生がそれまでに育ってきた外界である。家族が生活している小社会、学校も電車もデパートも、電話もテレビも、読書も友人も含めてのすべて、すなわち、この学生が自分の精神と身体で触れあうすべてのモノが、この学生の外界である。この外界がこの学生の認識の原風景となり、ここからこの学生のすべての認識が創りだされる。

しかし、この原風景はこの学生の五感覚器官を通してのみの原風景である。したがって、この学生の五感覚器官の実力（育ち方）で、原風景が大きく決まってしまう。目が見えなければ見えないなりの、耳が遠ければ遠いなりの、鼻が悪ければ悪いなりの、アトピー性皮膚炎ならばそれなりの感覚器官の働き方＝実力のあり方となる。またこの学生が受験勉強のみで高校生まで育ってきたとすれば、外界を反映できる実力は極めて低いといわなければならない。

これは当然である。五感覚器官は、心が躍動しながら、そして身体が大きく運動しながら育ってこそ、大きくかつ繊細に発育できていくものであるのだから。

以上は五感覚器官のそれぞれの欠陥があった場合の例だが、それはともかくとして、五感覚器官が全部関わってのその人の感情のあり方、用い方によっても、原風景の反映のあり方が異なってくる。つまり、同じ原風景が大きく、あるいは全く異なったものとして反映してくる、ということになるのである。ここで読者諸氏に、芸術家の脳の働きを少しだけでも思い浮かべてほしい。

芸術家の場合、五感覚器官に異常があっても、あるいは異常があればこそ、他人と違った見事な芸術となり得ることがあるということである。ある人を嫌いと思えば、その人の周囲の風景は嫌なモノとして映ってくるであろう。反対に、ある人を好きだと思えば、その人の周囲は大したものでなくても美しくさえ思えてくるであろう。それ故、外界は全く同じモノであっても、その人の生活のあり方、感情のあり方、思想性のあり方等々によって、またこれに五感覚器官の違いによっても、大きくも小さくも変わって反映することになるのである。

何がいいたいのか、と疑問を持つ諸氏もあるかと思う。

それは結論から説けば、たとえばこの学生は、自らの育ってきた原風景のあり方に大きく左右されて、その原風景の連続性で認識が決められ、その認識で大きく夢を描くことになって、「それなりの大学、それなりの学部の道」を選んでしまっているといってもよいからである。

どうしてそういえるのか、どうして原風景がそんなに関わるのか、と思う諸氏もいると思う。

ここで古来からの諺、格言を想起してもらいたい。

曰く、「三つ子の魂百まで」とか、「雀、百まで踊りを忘れず」とか、「孟母三遷の教え」とか……である。これらは、幼児の原風景が大きく人生を左右するという諺、格言であろう。

それ故幼児の育て方が、もっとも大切であるという所以であろう。話を進めよう。この学生の外界と五感覚器官との相互浸透によってこの学生の認識は創られてきたし、この学生のその認識の一つ一つの組みたて方によって（教育によって、自学自習によって）、この学生の認識（映像）はその学生の個性といえるまでの成長・発展を遂げた結果の一つが、「ある大学、ある学部の道」だったということなのである。

では、この認識（映像）と夢とはどう関わるのかが、次の問題となる。

第二節　認識（映像）は脳の中で創りかえられる

認識（映像）があってこその夢だと、先に説いた。そして、これが「三つ子の魂百まで」となるとも述べた。人間は、夢を見る実力があるといっても、生まれてしばらくは夢を見ることができない。これは認識（映像）のそれなりの確立があってこその夢（見）だからである。

では一体、いつ頃から夢を見ることができるのか！　である。

それは、認識（映像）が記憶として定着するようになってから！　である。それだけに、夢の実態は見事なまでに個性的なのである。その赤ん坊がしっかりと外界を反映でき、五感覚器官がしっかりと成長し、そうすれば、脳は反映した認識（映像）を定着させることが可能となっていくことになる。

この定着が可能となり始める頃から、それなりの夢を見るようになっていくのである。

そう説けば、「では、どうしてそうなるのか」を簡単に説明することが必要になる。

認識(映像）は外界の反映で形成される、と説いた。そしてその認識(映像）は、あまりにも個性的に大きく成長・発展していくとも説いた。人間の認識(映像）の最大の特徴は、その認識(映像）は外界の反映で創られた原風景が原点となるにもかかわらず、その原風景は本物の風景とは相対的に独立させられてしまっている、つまり創りかえられてしまうのだ！　ということにある。

分かりやすくいえば、場合によっては（その人によっては）赤を黒とも見ることができるということである。そんなこと⁉　と思う方は、少しだけでもわが身を振り返ってみてほしい。

富士山の頂上で「御来光」を拝んだ人達が、口々に「すばらしかった」という場合に、その一人一人に「どんなだったでしょう？」と聞いてみるとよい。つまり、その「すばらしかった」という中身を、である。

その場合、中身の説明は人それぞれに必ず違い、日の光の色も人それぞれに個性あふれた違った説明をする現実があることを！　あるいは写真家や画家が、その「御来光」を、自分の好みの色に映しかえて、これこそ芸術だと自慢しているその見事なまでのあり方を！　である。

これらは、すべて人間の認識は自分の感覚、感情、個性、人格によって創りかえられるということの証明でもあるのである。

このように説くと諸氏からは、「それがどうして夢と関わるのか」との疑問が、次に出てくる筈である。これは次第に、はっきりとした答えとなってくるので、もうしばらくの辛抱である。

脳の中で定着し始めることになった外界からの反映の認識(映像)は、その脳の中で、次第に創りかえていかれることになるということである。分かりやすくいえば、定着した認識(映像)すなわち、記憶されるようになった認識(映像)は、少しずつその姿や形を変えていくことになるが、その理由は二つある。

一つは、脳には時々刻々次から次へと新しい反映があり、その反映は脳の中で次第に定着されてはいくが、これにはその人その人によっても、時々刻々によっても、状態によってもそれなりの濃淡があり、あるいはまた、その時々によっては強く反映したモノ程、つまり思いをこめて見つめたり、感じたりしたモノ程濃く、大して興味を持たなかったモノ程淡く、脳の中で映像として定着しかかることになるのである。それだけに一心不乱に学んだもの以外は、その認識(映像)は定着するにしても淡くなるばかりか、うっかりすると消えていく運命にある。

諸氏はこれに関しては、一夜づけの試験勉強でしばしば経験済みの筈である。

もう一つは、脳といえども時々刻々に代謝しているわけであるから（でなければ死んでしまう）常に新しい脳の実体として創りかえられていっている。簡単には、古い脳と新しい脳とが相互浸透的に同居していることに、必ずなるのである。

そういう事態の脳への外界からの反映であるから、当然にその外界の受けとめ方、すなわち反映する実力に必然性として濃淡があるのである。

それに、これは脳自体の新旧のみではない。脳には五感覚器官を通して外界の反映が連続的にある。当然のこととして、五感覚器官を構成している（かつ構成していく）細胞の新旧によって、その新旧のあり方によって、すなわち、細胞分裂のあり方と細胞を構成する物質（食べもの）の内実によって、感覚器官の実態が変化していっているだけに、その感覚する実力は必然的に時々刻々と変化していくのである。

端的には、良い生活をし、良い五感覚器官の使い方（訓練）をする程に、この五感覚器官の細胞は良く感じるように育ち、良い細胞になれるように細胞分裂をしてくれることになるのである。これらのことによって、脳に反映されて形成された原風景である認識(映像)は、実在する外界の姿や形よりも美しく、あるいは凄まじく、淋しく、悲しく、あるいは辛く、無頓着に、あるいは優雅にといったように、脳自体の中で変形されながら定着していくことにもなるのである。

ここに一つ、付け加えておくことがある。

人生の中で脳自体が、より良く発育発達する時期が必然性として何回か存在する。

一つは赤ん坊期、

二つは幼児期、

三つは思春期である。強烈に衰え始める時期としては四十歳前後からとなる。これらの時期時期のそれぞれで、それこそとてつもなく、とんでもないことがしばしば起こることになる。

幼児期ではたとえば自閉症であり、思春期ではたとえば精神病であり、熟年期ではたとえばアルツハイマー病などとして現出する、等々である。ここに関しては、いずれ別著で説くことになろう。

第三節　私達人間は教育されて外界を個性的（勝手気まま）に描く実力をつける

「どうして以上が夢の話と関係があるのか？」と、またまた厳しく問われそうである。話はあらかた夢へと近づいてきたので、もう少し辛抱してほしい。

夢は脳に形成される認識（映像）の一つである。通常の認識（映像）は、大部分は外界の反映で大きく形成されていくが、私達人間は幼時期から、母親を始めとする家族の中で、外界からの認識（映像）を、感覚的には当然のこと、通常は感情的に、まれには理性的にすら受けとるようにと、躾レベルを伴って訓練されていくことになる。

初めの頃は「これはお花ョ」から、次第に「ホラ、かわいい花でしょう」へ、また「ニャンニャンョ」から「こわいワン公ョ」へ、さらに「お兄ちゃんョ」から「やさしいお姉さんョ」へといった形で、外界のモロモロの事物を、一つまた一つと強制的（!?）に押しつけられるような形で反映させられて育つし、そのことによって、外界のモロモロへの興味がしっかりと湧くように躾けられ、訓練されしして育てられていくのである。

そうやって半ば強制的に反映させられた認識、すなわち映像を受けとる訓練を一通り終えると、今度は外界抜きに認識(映像)を反映する、すなわち想像する訓練(教育)がなされていくことになろう。たとえば、毎日毎日子守唄によって、たとえば眠りにつくまでのオトギ話によって……。こうして早い子は三歳児くらいになると、自分で物語を創造できるようにも育っていくのである。

「あのお山にはネ、悪いキツネが住んでいるのヨ」といったレベルで、である。だがこれが悪くすると子どもの「ウソツキ」の始まりともなる場合が、あるにはあるのだが……。

それはともかくとして、こうして私達人間は、外界を「自分の気持ちとは違う姿や形」ですら反映するように躾けられ(教育され)るだけでなく、そこからさらに進んで、今度は外界と無関係な映像をすら積極的に創りだす作業を、幼い頃から躾け！　られ、教育されて、はては自らが究極的に創出し始めていくようにも育っていくのである。

私達人間の育つあり方の中で、外界の反映でしかなかった筈の認識(映像)が、外界と少しずつ関係を持たされないような脳への発展が、脳の成長とともに訓練されていくようになっていくのであった。こんな有様が、私達人間の生活過程の中で、当然のように行われてきている歴史が、無限といえる程に果てしなく続いてきているということを、少しは理解してもらえたのではないかと思う。こうやって私達人間の歴史の中で、少しずつそしてまた少しずつといった形で、脳の中身が外界と無関係的に認識(映像)を描かされてきたことの意味を、ここでまじめに考えてみてほしい。

さて、いよいよここから夢そのものへと話は展開していくことになる。

以上のように、脳は五感覚器官を通して外界を反映した認識（映像）を描いていく流れの中で、次第に、そして少しずつ少しずつ、外界を反映しない認識（映像）を描く訓練をされてきた。こうして脳は外界を反映しない認識（映像）のみならず、外界を勝手に創造していく術をも覚えていくようになる。これはたとえば、結果としての見事な文芸作品等々の誕生等々で分かってほしい。

こうなると、この脳は、常に常に外界と関わっての認識（映像）を描きながらも、外界と関わらない認識（映像）に加えるに、外界を勝手に描く認識（映像）をも創りだすことになっていくことになるのである。このことは、私達がきちんと目を覚ましている昼間にも、当然かつ十分に起こりうることになる。しっかり教科書を学んでいる筈の授業時間に、脳が勝手に別の外界を反映させる場合がある（脇見をする）ばかりか、ない筈の別の外界を勝手に創りだす、つまり空想にふけってしまっていることすら、あることになってしまいかねない。

しかし、この日中の目が覚めている場合のこれらの出来事は、まだよいのである。いってみれば白昼夢なのだから。というより、自分で自分のその出来事をしっかり処理できるし、バカなことをまた考えてしまって！　という程度で、済まされるのだから。

問題は、これが「睡眠中に起きてくることにもなってしまう」ことである。これがいわゆる通常の、常識的な「夢見」である。

何回か説いてきたように、睡眠中に起きるこの夢見は、脳が勝手に描くようになっているので、時として大変な場合がある。楽しい夢の場合は、これは身体に害を及ぼすことはほとんどないのでよいのであるが、悲しい夢とか、怖い夢とか、ましてや殺される夢、殺人を犯す夢を見てしまう等々は、その人によってはとても困ったことになりかねない。かといってそれを見る人にとっては、それらは避けられない夢である。なにしろ、睡眠中の出来事であるから。

では怖い等々の夢はなんの前触れもなく、突然見ることになるモノであろうか、それともこれにはなんらかの予想が立つものなのであろうか。本書はここまでである。諸氏にとっては、残念な思いがあろう。だが、ここで終了するのには大事な（重要な）意味がまともに存在する。

諸氏にしっかり説いておくことがある。諸氏の大半は、私から見ればどうにも私より立派なアタマの持ち主であろう。並のアタマの人なら、文体、文章を論理的に読む努力を思わず知らずに必要・必須とする筈なのに、アタマのよい人は、まず文体、文章を論理抜きに理解してしまう性格を把持しているのである。

端的には、受験生活の故に、どうしてもその（論理的に読む）忍耐ができがたくなっている人だからである。これこそが受験勉強の宿痾（シュクア）である。端的には、どうしても答えをまず求めることを技化してしまったからである。それ故、そこを考えれば、本書で説く哲学的基礎学力を養成できてから、本当の具体的な解答は説くべきと信じているからである。『全集』第十三巻では、

『〝夢〟哲学 原論』完結版として、本書で論じた「〝夢〟哲学」の一般論をふまえて、フロイトやユングの事例等々を交えながら、詳しくその構造を説いていくことになる。

あとがき

読者諸氏。「諸氏の読後の感想は」、と問いたいところである。

しかし「まえがき」をふまえて、まずは、「ヘーゲル」からである。

「ヘーゲルは、世界哲学歴史上の第一人者である」と私こと南郷継正は、なんらのタメライもなく、ここに認めるものである。それ故、世界に数多の学者がいても、今に至るも「私、南郷」程にヘーゲルの学問の世界、特に『序論』(『精神現象学』)の内実、すなわち「学問的研究は体系化できてこそ、初めて学の帝王たるべき哲学として完成への道程を辿れるのだ」との彼の名提言に、憧憬の念を持ち続けてきている人物はまず、いないと思う。

そう思う所以は、以下である。

ヘーゲル学中の哲学となって完結させるべき遺産(『ヘーゲル全集』)を学的体系化に仕上げる努力を重ねながら、すなわち、彼の残した文化遺産に加えて、私達人間(人類)の歴史上の学的成果の全体を総括し直し、それを統括(体系性)を帯びさせながら(である)、かつ、それを二重性で学びとり、そこから全体的統一性を成し遂げようと努めてきた人物は私だけであり、他にはドイツの哲学者を含めても一人としていない、と私は思っているからである。

というのは、ヘーゲルの著作とされている書物のほとんどは、ヘーゲルが『精神現象学』の

「序論」で説く「私（ヘーゲル）の弁証法」を用いてもいず、また「ヘーゲルの説く体系書」にも仕上がっていないにもかかわらず、この偉大な『序論』の実態的理念を完成すべく努力している学者は、学の帝国たるドイツにすら、いそうにないからである。

ヘーゲル学を帝王学たる哲学レベルに仕上げるには、まずはヘーゲル『精神現象学』の目次を辿るレベルで「本論」を斜め読みした上で、この書の「付録」みたいに錯覚されている「序論」を何回も読み込んでヘーゲルの学的意図を分かり、そこをふまえてヘーゲル『哲学史』に学んでいくことが大事である。そしてここで培った実力を基にして、アリストテレスの『哲学への第一歩』（形而上学）をまともに論理的レベル（学問といえるレベル）に仕上げ直すことから始めるべきであり、次にその間に培った哲学的能力を通して、「哲学への第一歩」なる書を真の『形而上学』レベルとしてその中身を完成させるべく努めることが要請されるのである。

その理由は、ここを成し得てこそ、それこそ初めてカント（『純粋理性批判』）、フィヒテ（『全知識学の基礎』）、シェリング（『学問論』）の学的内実の実態が判明してくる（のだと、ようやくにして理解可能となる）から、である。それだけに、それを成し得ている私の内実を理解できる、後に続く人がいつの日にかは現出してほしいと切に願っている。それ故、ここはどうしても「私、独特の修学の歴史」から説きおこしておくべきである、と決意したことである。

私は『武道と認識の理論』の原筆を某誌に連載中（一九八〇年代）に、思わず知らずのうちというべきか、それともある時期に突如として記すべきか、いずれにせよ以下の長い引用文のように、ヘーゲルが『序論』（『精神現象学』）で志したヴィッセンシャフトとしての哲学への道を歩くことになっていったのである。

学問の世界へ、とはばたくべく修学を始めるには、まず以上の私の小論の内実の実践をふまえ、かつ、ヘーゲルの就任演説の「学生に説く精神」を座右の銘にして、努力することが必要なのである。諸氏はその二つを合わせて実行することによってこそ、ようやくにしてヘーゲルの険阻な学問への道を辿ることが可能となってくる。なぜかを端的に説けば、この二つがヘーゲルが自らの意志でしっかりと辿ろうと努力した道だからであり、かつ、不肖の私が歩いてきた道そのものだったからである。だから諸氏も同じ過程を辿ることで、自分なりの見事と思う志を果たしてほしい。

何回となく説いてきているように、私はたしかに中学入学以前に、世界文学全集、日本文学全集とあるものの大半は読了していたが、学校の勉強すなわち、高校まで予習・復習というものは、一度とて実行できなかったし、宿題（夏休み・冬休み）とてやったことなどなかった。もっとも授業はまじめに出席（中学・高校ともに無遅刻、無欠席）していたので、成績はようやくにして学年ベスト10内ではあった。

その程度の学習力で、哲学者との肩書のある著作など、「まえがき」レベルはともかく、

「本文」そのものが分かろうとしても分かる筈もないだけに、斜め読みはともかく、まじめに読むわけも読めるわけもなかったのである。念のため記しておくが、私の『武道の理論』から『武道修行の道』までの外国人哲学者の引用文は、ほとんど、私の師たる三浦つとむ、滝村隆一の言及している部分を元にして探し出したものである。だから、両師から自立できた「武道と認識の理論」の連載初頭などの哲学者の引用をみてほしい。誰でも読めるところしか引用していない筈である。

ところが、この連載を進めていくうちに、突如として大変化が起きてくることになる。それは連載何回目のことだっただろうかと思い返してみれば、執筆四回目たる〔序章Ⅲ〕からであった。三浦つとむを通してエンゲルスの偉大さを教わっていただけに、ここで私は、「あぁ、エンゲルスの弁証法を超せたのだ_ナ_。エンゲルスは、この程度だったのだ_ナ_！」とエンゲルスの実力を知ってがっかりしてしまったのを、何十年経った今でも鮮明に覚えている。これに関しては、後々に、悠季真理にピタリ！　といいあてられている。「先生は、あの頃には唯物論的弁証法の雄たるエンゲルスなどは、とうに追い超されていたのです」と……。この突然とも思える頭脳発達の理由は、五十代での二十代の若者との大修練であり、同じく二十代の大秀才たちとの大闘論の合作である。大修練は脳の大発育となっていき、この大闘論は、頭脳の大発展となっていきながらの相互浸透的加重性の大発達（展）となったのである。これに加えて、実はこの二つの修業過程の他に、もう一つある。それは、悠季真理が

「南郷継正の一番の読者は、南郷継正自身であり、連載の小論を、毎月何百回単位で読み返すのが日常の習慣であった」と説いているように、である。

古人の言に「読書百遍、意自ずから通ず」とあることは知っていたが、私は、小説以外は百遍どころか、まず一回すら「ない」といってよい。だが、「武道と認識の理論」の連載中だけは、自らの小論の読み返しをなしとげていったが故に、「文体の」でも、「文章力の」でもない本物の学的論理の力が恐いレベルで向上していった。これが本当のことである証明は、私の連載の順序で分かってよいことである。すなわち、〔序章Ⅳ〕の八ヶ月後に「哲学」編が始まっているからである。この「哲学」編の八ヶ月後にヘーゲルを論じ始め、九ヶ月目には「いつの日か、ヘーゲルの高みに」と題して、弁証法と認識論に関しては、ヘーゲルを超えていると論じたことである。ここではっきり述べておくが、この執筆をなすことで私はこの時に初めて、ヘーゲルの「和訳」たる武市健人の文でヘーゲルの言葉を知ったのだ、ということである。

事のついでに述べておけば、大秀才たちの大闘論とは、端的には、「プラトンの滅ぼし合う対立」（ヘーゲル哲学史の中の弁証法的名言）の十数年以上にも及ぶことの連続である。ここは諸氏には、まず理解できないと思う。この頃の私の学習力というものは、彼ら大秀才にいわせれば「先生はたしかに弁証法と武道空手の大先生ではあるものの、学習の実力は中学一年程度の中身すらないから、そこは、我々がしっかり教えてさしあげなければ云々」が実情であった。その私が五十代半ばでエンゲルスを超えた後は、もう「一直線まっしぐら」の勢いでヘーゲルに追いついていくことになったのである。

さて、ヘーゲルがそれまで金科玉条として高吟されてきた「愛の哲学」を止揚して真の学問としての哲学への道を辿ることになったのは（余計なことかもしれないが）、カントが「直接」の因ではない、から説くべきであろう。これは、『大論理学』（第一版の序文）をまじめに読んだ方には、本来分かってもよいこと（特にドイツの哲学者には！）である。カントではないと大きく説ける理由は、この頃のヘーゲルには、まだカントを批判できる学力はどうにもこうにもなかった、とはっきりいえるからである。とはいうものの、私とて、『原論』を執筆する途上で（十数年もの月日を要した）ようやく分かったことである……。

（『学城』第二十一号所収「ヘーゲル哲学への『私が辿った』大道を学的志望者へ明らかに」）

このように、私の哲学の学的修学は始まることになっただけに、ヘーゲル哲学の表面には現われていない学問へのまともなる「正体」を（著作とされている「中身」で）知れば知る程に憧れが大きくなっていき、またそれとは反対に、途上で著作の出版順序の大きなミス、すなわちヘーゲルが「功」を焦るあまりに『精神現象学』の論理版たる『大論理学』を出版するという大きなミスに気がつく程に学的実力が培えていったのである。それ故、「どうして焦ったのか⁉」との残念な思いも、次第に膨らんでいくことになっていったのである。

この理由の程は、『ヘーゲル哲学・論理学』にしっかり認めている。またこの書の前身である『哲学・論理学原論〔新世紀編〕――ヘーゲル哲学 学形成の認識論的論理学』は、記した通り、ドイツ国立図書館へ寄贈を要請された故に、『ヘーゲル哲学・論理学』に加えて本書『〝夢〟哲学原論〔綱要〕』も私の方から寄贈したいと思っている。

理由は、可能なら哲学の王国、というより帝国であるべきドイツの学者たちにこそ、大きく花開いてほしい、その方が世界的になるだろうという思いからである。

次は、ヤスパースである。

哲学者というより、精神病理学者として著名なヤスパースは、『精神病理学総論』（岩波書店）として上・中・下巻にもわたる大著をモノしているが、私にとってこの著作の中身の実態は、（読者には少しも分かってはもらえないだろうが）ヘーゲル哲学を学的に仕上げるにはどうしても乗り越えなければならない書であった。諸氏がこのヤスパースの大著たる『精神病理学総論』の目次を一読でもされたら、精神医学に関係のない人なら気が狂いそうになる程（!?）の奇態の文字がずらりと並んでいる（だが、これらはいささかも学的レベルの概念とは思えない）だけに、なんとも（幾重もの意味において）驚愕されかねないと思う。

読者諸氏にこの『精神病理学総論』の中身を一言で評するとすれば、まさしくヘーゲル『精神現象学』（岩波書店）の具体的・事実的現象形態である！　と、（ある種）いえないこともないレベルである。それだけに、ここをヘーゲル『哲学史』（岩波書店）に説かせれば、「デカルトの新大陸哲学」となる程の中身であるだろうし、私に説かせれば、トマス・アクィナスの『神学大全』の権力者たる個人個人の具体性のある正常・異常としての精神状態、病理版の中身を説いた程のもの、といってよい。

ヤスパースを激賞する御仁は日本中に数多くいたとしても、誰一人として以下の見事な「小論」（いわゆる、である）を推したことはないと私には思える。

理由を端的に述べれば、このカール・ヤスパースの「日本版への序」の言葉の意味は分かっても、その学的意義を理解できる実力がない（ここを理解可能な人は、大ヘーゲルただ一人だと断言できる）からである。それは、これがヘーゲル『哲学史』の実態的本質だからであり、ここが理解できれば、ヘーゲルの著作を推理小説レベルの容易さでしっかり読めるからである……。

この「小論」は『綜合看護』誌（現代社）「なんごうつぐまさが説く　看護学科・心理学科学生への〝夢〟講義」の連載途上でも紹介している（以下、『全集』第三巻「あとがき」より抜粋）。

日本版への序

……

一つの点で本書は時代離れしているが、私はこれはよい意味でそうだと思う。即ち本書全体は、殊にアメリカでばかばかしいほど行われている精神分析の信仰に逆う坑木の役をしているからである。精神分析的信仰の運動によって、根本的認識や学問的に妥当する認識がどんな影響を被るかは本書の第二部のテーマであり（了解的関連）、その他各所のテーマである（たとえば第四部第三章「人間の生涯」、第六部第五項の「実地応用の意味」）。精神分析で得られた僅かの範囲の真の認識と、進歩ではなくて進路を変更させるだけの潮の如き勝手気儘な長広告との区別をつけ、認識と信仰とに区別を立てることは、今の時代決して容易でない課題である。本書の研究がこの課題の解決によい助けとなることを希望する。更にもう一つ別の点で本書には足りぬ所がある。これは日本以外の場所ではどこでも補われえないのではなかろうか。即ちアジアの巨大な伝統に立つ人間学と人間の導き方と智慧が本書には欠けている。それが精神病理学にどんな意味があるのか私には解らないが、きっと大きなものと思う。（傍線は南鄕）……

一九五二年四月　バーゼルにて　カルル・ヤスペルス

（カール・ヤスパース『精神病理学総論』上巻）

以上に引用した中身すなわち、カール・ヤスパースが密やかに憧れ、恐れた日本における精神科学を形成すべき実態が、わが国において独特のものとして生まれ、かつ、世界に類を見ないものとして育ってきた武道文化、宗教文化の粋となっているのだ、といってよいのです。そしてこれが、カントが、ヘーゲルが、そしてヤスパースが、どうにも理解不可能だった日本文化特有の認識なのです。なぜなら、日本に育った人物以外の誰もが、学ぼうにも学べない（知りようがない）ことだったからです。

以上のように、日本文化特有のものには、二つが存在するのです。一つは、誰もが承知のことです。簡単には宗教、特に禅の悟り（悟得）です。ですが、このことを世界初の認識論（認識学）として論理的体系的に説いたのは私（の筈！）です。端的な証拠は、吉本隆明編集『試行』誌の第五十号「武道の理論」（第十回）です。このことは、『武道とは何か』にも記しました。二つは、刀法（兵法・剣術）の世界である勝負の極み（極意）です。これもまた『武道とは何か』にしっかり説きました。

それだけにそこを、すなわちヘーゲル『精神現象学』、ヤスパース『精神病理学総論』の実質を学的レベルで乗りこえることができた現在だからこその、『なんごうつぐまさが説く　看護学科・心理学科学生への〝夢〟講義』（全六巻、現代社）の発刊となっていった過去がある。

『哲学・論理学原論』を読まれた読者は承知のように、弟子である悠季真理を本物の（アリストテレス、カント、フィヒテ、シェリングが成し遂げた哲学上の業績を理解した上で、ヘーゲルの実質を修めることによって、ヘーゲル以上の哲学者たるべく）哲学の論理を体系的に発展できる人物たらしめるべく、大学で学んでいた現代ドイツ語を、本来かくあるべき学的レベルのドイツ語（カント、ヘーゲル時代の古文的ドイツ語）へと向上させるため（そこを修練させるため）に、『原論』を執筆する傍ら、そこに引用したドイツ語の文章、文体をしっかり学的に訳し直す訓練をさせていったのである。

この結果、悠季の学的ドイツ語のレベルは相当に実力が向上することになり、『哲学・論理学研究』の第二巻で、結果的に、日本語の文体をすら学的レベルに向上させることができ、かつ、アリストテレスの文体もヘーゲル弁証法的に訳すことができるようになっていったといってよい。ソクラテス的頭脳程度でしかなかった悠季真理を鍛えるには、当然ながら、ヘーゲルが敬愛してやまなかった「プラトン」の学苑アカデメイアでの弁証法修業たる「滅ぼし合う対立」（『哲学史』ヘーゲル）の学的手法の二十年にもわたる特訓の長い月日があったことを付記しておきたい。

それだけに（その成果を誇れる程の内容の展開となっていっただけに）、この『〃夢〃哲学原論〔綱要〕』の著作では、その哲学的実力を更なるレベルへと高めるべく、今回は私の論文の下書きの習作をさせてみたり、ある部分は直接当人が認めるべくの文体としての修練をも、しっかり行ってきた、といえるであろう。

鍛えていった内実は、『精神現象学』を理解の上にも理会できる（理会――理解してかつ会得する）ように、加えてヤスパースの内実の理解をも哲学的に深めるべく、の研鑽も途上で行ったことである。加えて、瀬江千史には『〃夢〃講義』（全六巻）からの綱要レベルの抜粋を行わせてみた。これもまた見事なものであった。それらがあったが故に、出来上がった著作の内容は三人の共著としてもよいくらいに仕上がったといってよい（賞めすぎか⁉）。

※　※　※

『精神現象学』（ヘーゲル）は、簡単に説けば、人間の頭脳活動の歴史的な流れを、哲学的認識の流れとして書き下ろそうと志しての書である。すなわち、人類の最高の叡智の歴史的な流れ、哲学的認識の発展的流れを、である。

それだけにこの書は、人類の認識の一般的な流れでもなければ、技術的（発明、発見的才能の）流れでも全くないこと、を研究者はまともに分かって研究にとりかかる必要がある。

『精神病理学総論』（ヤスパース）は、これに対し、それらの人類の叡智たる人をも含めて、まず上流階層レベルの人の精神上的乱れ、そこから出てくる精神の病といえるもの等々の事実的集大成としての書である。

この二つの流れを見事に総括し、統括できる能力こそが、学問としての哲学に必要とされる「大柱」の一つであり、そのような研究をなしうる実力を培うことによってこそ、哲学的内実の研究に価する、といってよい。

とは説いても、『ヘーゲル哲学・論理学』に説く弁証法・認識論・論理学の実力なしには、無理であろう。だが、哲学者とありながらヘーゲルにもヤスパースにも（この二人の時代が大きく隔たっていただけに）、これは可能となるべくもなかったのである。

さて、である。以上をふまえての本書は、『なんごうつぐまさが説く 看護学科・心理学科学生への〝夢〟講義』として発刊された書の、「〝夢〟哲学」の成立に関わる重要部分に的を絞っての、すなわち（要綱ではなく）綱要としての出版である。

それ故、重要とする中身にふさわしい内容となすべく、つまり本格の『原論』で説いた「哲学という学問」の実質に恥じないように説き直し、かつ、論文調としている。

また、この『〝夢〟講義』が全六巻もの出版を重ねていく中で、若い世代の人以上に、熟年レベルの人が夢の問題に悩まされている実状、すなわち年齢を重ねるごとに、解決できない夢で悩んでいるとのことが、私の弟子たる複数の医師からのレポートなどでその切実さが分からされてきただけに、「まえがき」に説いたように、可能ならば副題として「〝夢〟に関わる多くの人に学んでほしい夢の理論――アタマとココロが見てしまう怖い夢の秘密」として発刊したい気持ちもあった、という弁明でもある。だが、ここに関しては、次回作となる「完全版」で、この「綱要」編で説いていない大部分を詳しく説くことになろう。

先に哲学・論理学としての体系書をと願望しながら、突然的な病気で生涯を閉じることで、それが遂に叶わなかったヘーゲルの気持ちに応じられた世界初と思う、『ヘーゲル哲学・論理学』なる書を発刊できたが、この書の完成には、心情的レベルでは二人のお蔭といえるものがあった。すなわち、ヘーゲルの『序論』の実質的な中身、ヤスパース『精神病理学総論』のあの膨大な目次の中に潜んでいる実質が、『ヘーゲル哲学・論理学』執筆と本書『〝夢〟哲学原論〔綱要〕』執筆にとって、精神上の限りない「励まし」と「対抗心」を燃やし続けてくれただけに、今も私の「ココロ」と「アタマ」は二人の偉大といえる魂を仰ぎ見ているといってよい。

現実的には、先に説いたようにこれまた瀬江千史と悠季真理の二人の協力があったことを再度述べておく。この二人がやがて、私が仰ぎ見るレベルの書を出版してくれることを願いながら……。

終わりにあたり、現代社小南吉彦社主にまことに大いなる尊敬の念を捧げたい。そして田沼岳編集者に（いつものことだが）深い感謝の心を刻んでいることを申し述べたい。

二〇二三年 三月十日

南郷 継正

付録

付録〔I〕
観念論と唯物論についての哲学的研鑽を説く

弁証法的唯物論と唯物論的弁証法の二大概念から「絶対精神」の構造は分かる

しかしながらヘーゲルと学的な立場を変えた唯物論者である歴史上の学者は、マルクスにしろエンゲルスにしろ、観念論であるヘーゲルの立場に立って、まずは観念論としての「絶対精神の自己運動」とは何物なのかを、学的理論で人類最高の知的文化を受け継ぐ努力をまともにしないままで、あろうことか素人レベルの唯物論からヘーゲルの絶対精神を、「バカげきった熱病者の幻覚」と判断し、葬り去ろうとしたのです。それがいかに愚かなことかを、私は『全集』第一巻で次のように説いておきました。

仮にも、この「絶対精神」のことを「バカげきった熱病者の幻覚」（『フォイエルバッハ論』大月書店）などといったエンゲルスの尻馬に、そのまま乗ってはならないのです。成程、事実レベルとしてはエンゲルスの説く通り、それは確かなことです。「絶対精神」

などというバカげたものが現実の世界に存在するワケがないからです。まして私たちは唯物論の立場にあるのです。しかし、事は学問なのです。「学問は、事実そのものを直接的に扱って取捨選択するのではなく、ありとあらゆる事実の共通性に着目して、まずはその一般性を論理として把握することに始まる」のですから、ここはまずは、それこそエンゲルスが説く弁証法の三大法則の一つ、「否定の否定」によって、エンゲルス自身も自らの唯物論の立場を否定してみることによってヘーゲルに観念的に実体化（観念的二重化を行うことに）して、ヘーゲルの説く「絶対精神とは何物か」、それは唯物論の立場からすれば「何」のことであるのか、を論理的事実として措定してみるべきだったのです。そうすれば、ヘーゲルの「絶対精神」の実像が、その実体が観念的実体として見事な形態で浮上してきた筈です。結果として、絶対精神としてのこれは、この世の中の絶対精神的出来事の事実としては、確かに存在しないものの、ヘーゲルの学問としては（観念的に）見事に実在していることが、その絶対精神の実在なしには、ヘーゲルの学問としての体系も、実体も、実態もなかった、つまり成立しえなかったと分かっていった筈ですし、一体ヘーゲルは「何物をもって絶対精神である」と措定したのか、つまり唯物論的に捉え返すならば（絶対精神の原像たる）それは「何物」であったのか、ということ（の大事性）がしっかりと理解できた筈です……。（「『全集』の読者への挨拶」）

このように学問レベルの研鑽で大事なことは、ヘーゲルの「絶対精神」を、学的、理論的にまともに検討することなく、単純に観念論的学問は駄目なのだとして葬り去ることではなく、「それでは観念論で説く絶対精神とは、唯物論としての学的論理としては一体『何物』に相当するものなのか」を分かる努力をして（これは秀才エンゲルスであっても）、ヘーゲルの絶対精神の「実態とは何か」について学的な理解を進めるべきだった、と私は説いているのです。すなわち観念論だろうが唯物論だろうが、論理的にはそれはいかなる構造を内に含んでいるのかを把握し、そこから唯物論の立場にたって絶対精神を学的に改変し、そして再措定すべきだった、と説くのです。そこを私は、以下のように現在までを生き抜いて（修学できて）きました。

私はこの書を日本文化の最高の高みに置きたかったからに他なりません。日本文化の最高というからには、日本の文化の歴史において最高の位置にあるということであり、日本の他のどんな文化の高みにも匹敵しうる高みに位置するということです。すなわち、学的には日本における哲学という哲学の全ての高みより高く、宗教という宗教の高みに及ぶといった位置付けであり、日本文化の高みを全て武道の高みから眺められるばかりか、その武道の高みから全ての日本文化の高みを、己れをも含めて説ききれる程の論理的な高みをこそ、と願っての『武道講義』の執筆であったからです。それだけに、武道の構造を説くにしても、その武道の構造に流れている一般的運動性すなわち弁証法性から説かなければならず、弁証法性や構造性を説くとなれば、これまた当然に弁証法・論理学といった学問レベルの概念に関わることが必須となったのです。このような弁証法・論理学といった学問レベルの概念は、単純な学問一般性のレベルで説くことができるものではないのです。なぜならこれは、認識論をも含めて学問中の学問である哲学上の大柱をなすものである以上、当然のようにこれは、哲学上の概念として、学問中の学問であるその哲学という学問レベルで説くことでなければならないからです。必然的に歴史上に登場したアリストテレス、カント、ヘーゲルに匹敵する程の哲学上の実力が要求されるのです。その哲学上の実力とは何かを少し説きます。

哲学上の実力とは一体どのようなものであるかを有体（アリテイ）に説くなら、「端的には学問形成上の世界観である唯物論と観念論を、学識経験といったレベルでの知識からではなく、学問としての哲学上の実力となるようにしっかりと把握〔喩えれば、巨大な寒流である親潮（観念論）と、長征する大暖流である黒潮（唯物論）を渦潮のようにクロスさせながら逆巻いて流れいく一大潮流（学問としての哲学）を見事に分けきって把握〕する実力を当然にふまえた上で、弁証法の学問としての把握、それをなすことができるような古代ギリシャからの哲学の過程史の理解、すなわち、アリストテレスからベーコン、ロック、デカルト、カント、ヘーゲルへと流れこんでいく怒濤のような学問としての哲学である観念の大潮流を、自分自身の認識の流れのように実力と化し、その実力把持の上での科学としての個別分野の学問の形成の過程を論理的・事実的に研鑽（ケンサン）して臨（第一編第二章）」んで、ヘーゲルの『エンチュクロペディー（哲学諸学綱要）』や『精神現象学（学の体系第一巻）』くらいは、あっさりと自分の専門を例にとって軽く講義できるくらいの中身です。その程度の実力を養成できてこそ、哲学上の実力といってよいのです。これがまた学問としての研鑽を積んでいると人に誇りたい学者の専門である個別学上の実力でもあるといってもよいのです。

（南郷継正『武道の科学』一九九一年、『全集』第一巻所収「武道の科学」二〇〇二年）

以上に説いている「哲学上の実力とは一体どのようなものであるのか」の中身は、自身を学識経験者（すべての専門分野の著作・論文に通じている）と思っている人には、どうにも理解できることではないと思っています。この「哲学上の実力」を他の角度から説けば、観念論とは何かを十分に理解できる実力ということです。これは簡単には、「時間は観念論で説くなら、これは実体そのものとして存在するものです」となるし、同じくその時間を唯物論で説くなら、『学城』第二号「巻頭言」で説いたように、実体ではなく「人類が時を創造したもの」として存在する暦法としての機能そのものですから、実体的には存在しないということを分かる実力を最底とするからです。

少し説けば、観念論の信奉者がヘーゲル哲学レベルで宇宙（森羅万象＝万物）を学的に評価

（判断、解説）しようとするなら、どうしてもその学説（判断・解説）は大きく唯物論的学説になってしまう、ということですし、また唯物論の信奉者がどんなに世界（宇宙）は物の統一体（物そのものの生成発展体）であるとの信念を抱いているにしても、理論的にそこを説こう（判断・解説）とするなら、その学説はこれまた大きく観念論的学説になりきってしまうということです。「そんなバカな！」と思わないでください。以下の唯物論者エンゲルス『反デューリング論』にある「二つ」の文言が証拠です。

だが、自然科学上の諸経験を総括した成果こそ概念であること、そして、概念を運用する技術は、生まれつき備わっているものでも、普通の日常的な意識にともなって与えられているものでもなくて、真の思惟を必要とするものであり、この思惟なるものはこれまた経験的自然研究と甲乙なく、長い経験的な歴史を持っていることを、自然科学が忘れないなら、それによってこの過程は一層容易になるであろう。自然科学は、哲学の二五〇〇年にわたる発展の成果を身に付けることを学んでこそ、一方では、自然科学の外や上に立つ、あらゆる特殊の自然哲学から脱却し、他方では、イギリスの経験論から受けついだ、自然科学に固有な狭い思考方法から抜けでることができよう。

（エンゲルス『反デューリング論』「三つの版の序文」）

しかし、それによって自然科学は理論的分野に入ってゆくのであるが、ここでは経験の方法は無力であって、理論的思惟でなければ役に立たない。しかし、理論的思惟が生まれつき備わった性質だというのは、単に素質としてそうであるにすぎない。この素質を発展させ、完成させなければならないが、そういう完成のためには、今までのところ、これまでの哲学を研究する以外にはどういう手段もないのである。

（『反デューリング論』「旧序文」）

以上の二つの「序文」は、同じ『反デューリング論』のものとして書かれたものです。しかしエンゲルスは旧序文を載せた後に、おそらく「これはあまりにもの観念論だ」と思うようになった筈です。みなさんはこの理論的思惟という言葉を見て、「誰かの論理のようだ」と思いませんか。思える筈です。これはカントの「理性」の唯物論的変換だ……と。そしてこの理論的思惟は、これまでの哲学、すなわち「カント・ヘーゲルまでの観念論哲学を学ぶ以外にはどうにも手段がない」、とエンゲルスは説いています。これは、理論的思惟を理論的に説こうとするなら観念論的学説になりきってしまう、と私の説く通りでしょう。しばらくしてこの「旧序文」を読み返したエンゲルスは、当然に蒼くなった筈です。あまりにもカント・ヘーゲル寄りなので。そこで次の「三つの版の序文」で大きく変えたことが、つまりこれはなんとか唯物論的になるように、必死に説きなおしているのが、ミエミエでしょう。

しかし、みなさん。事はそればかりではないのです。もしみなさんの誰かが興味を持って、フォイエルバッハ『ヘーゲル哲学の批判』（佐野文夫訳、岩波書店）を読んだとしましょう。そうすれば大きく衝撃を受けて、蒼ざめるかもしれません。というのは、晩年にエンゲルスがモノした『フォイエルバッハ論』に出てくる観念論哲学に対する汚い「文言」が、『ヘーゲル哲学の批判』で、当のフォイエルバッハがカント・ヘーゲルを罵っている「文言」と、全くといってよい程に「そっくりさん」だと分かる筈ですから……。それだけにマルクス・エンゲルス以降は、どのような唯物論者でも、必ず観念論哲学が培ってきた実力をモロに借りるしかないのです。

哲学の実力をモノにするためには、だからこそ「学問としての哲学上の実力となるようにしっかりと把握〔喩えれば、巨大な寒流である親潮（観念論）と、長征する大暖流である黒潮（唯物論）を渦潮のようにクロスさせながら逆巻いて流れいく一大潮流（学問としての哲学）を見事に分けきって把握〕する実力を当然にふまえた上で、弁証法の学問としての把握、それをなすことができるような古代ギリシャからの哲学の過程史の理解、すなわち、アリストテレスからベーコン、ロック、デカルト、カント、ヘーゲルへと流れこんでいく怒濤のような学問としての哲学である観念の大潮流を、自分自身の認識の流れのように実力と化」することが大事なのです（そうするしか学的方法はないのです）。しかし、ここの論理構造をみなさんに分かってもらうのはなんとも大変なことだと思います……。

付録〔Ⅱ〕
海保静子『育児の認識学』の推薦文

育児にまじめに取り組まれているお母さんに
——他の有名な育児書　特に松田道雄氏と平井信義氏の読者の方に——

武道哲学・武道科学　創始者　南郷　継正

本書には、世のすべての育児書にないすぐれた内容が含まれています。それは、赤ちゃんから幼児までの〝こどものアタマの中（アタマとココロ）のはたらき〟です。

こういいますと、そんなのはアタリマエでしょうと、軽く考えられるお母さん方がいっぱいいると思います。でもあたりまえではない！　のです。どうしてかといいますと、それはこの書の著者である海保静子さんにしか書けない内容だからです。どうしてそんなことがいえるの？　と疑いをもつ方もたくさんいるでしょう。答えておくべきでしょう。それは、この海保静子さんが20年近くの保育の実践の中で発見したモノだからです。彼女が世界で初めて！　という〝アタマの中（アタマとココロ）のはたらき〟を解明した内容があるからなのです。

それはいったい何なのか、は本文を少しでも読み進められれば、すぐに納得がいかれることですので、ここではあえて触れません。それより、ここでは、なぜ、特にまず松田道雄さんの書をあげているのか、を少し説くことが必要だと思います。悲しいことに松田道雄さんは亡くなられました。この方は、育児書の大先達でも有名ですが、数十年前はある種の思想家としても著名でした。私はその読者だったこともあったりして、自分のこどもを育てるにあたって、多くの育児書の中からどうしても松田さんのすばらしさが目にとまりすぎて氏の著書を基本書として選びました。

それだけに私はこのお二方の書のすべての行を、行間はもちろんのこと、そして眼光紙背に徹すレベルで読みとるほどにまじめに読み、そして実践してこどもを育てました。おそらく私ほどまじめにこれらの書を育児に実践した者はいない！　と断言できるほどに、です。もちろん当然に、他の著書も参考にはしました。結果、こどもたちはしっかりと一人前に育ちましたが、このお二方の著書を実践するうえで、一つだけ大きく困ったことがありました。それは何だったか、といいますと、それが本書の内容の重要部分をしめる〝こどものアタマの中（アタマとココロ）のはたらき〟だったのです。この一番大事な、もっとも大切な部分が松田さん、平井さんは当然のこと、すべての他の育児書に大きく欠けている部分でした。

申し遅れましたが、私は武道を中心として生きてきた者です。武道の中で特に大事な部分はといいますと、人間の心の中の闇の部分です。ここを極めることを悟りといいます。悟りといいますと宗教の悟りというのもありますが、この両者は似ていて大きく異なる点があります。それゆえ、宗教の平常心と武道の平常心も違ってきます。しかもこの心の中の闇は、赤ん坊の頃から育ってきています。そしてこれは幼児や小学生には不登校児として、あるいはキレる子としても現象しかねません。それだけに松田さんや平井さんの育児書には説かれていない〝ここ〟を、私は自らの育児が終わった後も研究するハメになりました。

それで、もう完全！　という確信をもっている時に、海保静子さんの〝こどものアタマの中（アタマとココロ）のはたらき〟の実際を知ることになり、茫然となった過去があります。〝私のはまだまだ不完全だったのだな〟と。（中略）

私が親としてわが子を育てるのに苦労・苦心して探求した〝こどものアタマの中（アタマとココロ）のはたらき〟は、海保静子さんの手によってより見事な育児が可能になるように深められており、それればかりか、師である私をもより見事な武道へと導いてくれるほどの発見だったのです。あえてお母さん方にいいます。見事なわが子の姿を将来に見たければ、ぜひに本書を、松田さん、平井さんの著書ともどもぜひ大切にお読みくださるよう願っておきます。それだけの内容を本書はもっています。そして本書以外には、まずはお目にかかれないことも付記して、推薦の言葉といたします。

付録〔Ⅲ〕

愛知の中3刺殺・気付きたかった心の闇

（東京新聞〔社説〕二〇二一年十一月二六日付）

愛知県弥富市の市立中学校で二十四日朝、三年生の少年が同級生の男子生徒を廊下に呼び出し、持ってきた包丁で刺殺した。衝撃的な事件だ。

殺人容疑で送検された少年と被害生徒は同じ小学校出身で、中学も二年時は同じクラスだった。刃渡り二十センチの包丁はネットで購入したといい、刺し傷は肝臓を貫通するほどの深さだった。

少年は被害生徒との間にトラブルがあったという趣旨の話をしているとされるが、学校側はいじめなどは把握していないという。少年は犯行後、素直に教員に従い、容疑事実も認めるなど、計画的で冷静な犯意もうかがえる。

少年の心に深い闇を生んでしまった理由はなんだろう。「節度を持った優しい子だったのに」と親族は涙した。十四歳の心の異変に周りの大人が気づけていたら……。同じく十四歳で突如奪われた命を思えば言葉もない。

市教委は第三者委を設置し、原因を究明するという。生徒はもちろん教員らの動揺の大きさも計り知れない。再発防止のためにも真相の解明は必須だが、聞き取りなどは丁寧に進めてほしい。

同様の殺傷事件は、二〇〇四年に長崎県佐世保市の小学校で六年女児がネットなどでのやりとりから殺意を抱き、同級生をカッターナイフで刺殺した例や、十九年に愛媛県西条市の中学校で二年男子が人間関係のトラブルから同級生を果物ナイフで刺した例などがある。だからといって、子どもを加害者に想定して、例えば金属探知機を導入するような議論を軽々に進めることは本質を見失うことになりかねない。

人が集まれば、多かれ少なかれあつれきは生じる。しかり、仮にいじめなどのトラブルが生じたとしても、子どもが他人や自分自身を傷つける手段以外に解決の道がないと、短絡することだけは防がなければならない。

異変を見落とさぬためには、学校でも家庭でも、あるいは地域でも、大人がいっそう目を凝らしていくほかない。その意味でも、教員が子ども一人一人のケアに集中できるよう、負担軽減をいっそう進めることも焦眉の急であろう。

南郷継正（なんごう つぐまさ）

日本弁証法論理学研究会 主宰。

中学時代に『哲学とは何か――カントとヘーゲル』で哲学に憧れを抱き、高校時代に『観念論と唯物論』で弁証法の偉大性を知り、大学入学と同時に弁証法の学習途上で、三浦つとむに私淑。後に滝村隆一に学的論文の展開法を学び、国家論を哲学の歴史の中で修得す。加えて武道空手、武道居合、武道合気の武道修業・修行の中で弁証法・認識論の内実を試み、かつ、学的体系化を果たす。1972年に旧日本論理学研究会を発足させ、第一級の秀才たちと学的体系化の歴史的再措定に挑む。現在は『学城』を若手学究をも加えて発刊し続ける。

著 書『武道の理論』（科学的武道論への招待）
『武道の復権』（空手・拳法の論理）
『武道とは何か』（武道綱要）
『武道への道』（武道をとおしての教育論）
『武道修行の道』（武道教育と上達・指導の理論）
『武道講義』第一巻（武道と認識の理論Ⅰ）
第二巻（武道と認識の理論Ⅱ）
第三巻（武道と認識の理論Ⅲ）
第四巻（武道と弁証法の理論）
『武道の科学』（武道と認識・実体論）
『弁証法・認識論への道』 （以上 三一書房）
『南郷継正 武道哲学 著作・講義全集』第一巻～第十二巻
『なんごうつぐまさが説く看護学科・心理学科学生への“夢”講義』(1)～(6)
『ヘーゲル哲学の道』第一巻〔修学・初級編〕(旧『武道哲学講義(1)』)
『ヘーゲル哲学の道』第二巻〔修学・教養編〕(旧『武道哲学講義(2)』)（近刊）
『哲学・論理学原論〔新世紀編〕』 （以上 現代社）

“夢”哲学原論〔綱要〕
――人が見る夢の世界、その精神・身体原理〔講義〕
ヘーゲル・ヤスパースに――

2023年6月2日 第1版第1刷発行©

著 者 南 郷 継 正
発行者 小 南 吉 彦
印 刷 中央印刷株式会社
製 本 誠製本株式会社

発行所 東京都新宿区早稲田鶴巻町514番地（〒162-0041） 株式会社 現 代 社

電話：03-3203-5061 振替：00150-3-68248

＊落丁本・乱丁本はお取り替えいたします

ISBN 978-4-87474-197-9 C3010